El Arte de la Rentabilidad Aérea: Manual Estratégico para Mercados Emergentes

Aline Saade

2da edición, publicada originalmente en 2017

SOBRE LA AUTORA

Aline Saade aporta más de veinte años de experiencia transformadora en aviación como ex directora de Precios de Air France-KLM Cercano Oriente. Gestionando siete países en medio de la volatilidad del mercado, desarrolló marcos innovadores de optimización de costos que mejoraron los ingresos manteniendo la rentabilidad.

Experta en Logística de Viajes, Optimización de Costos y Desarrollo de Negocios, posee un enfoque integral de la gestión de ingresos, desde la optimización del rendimiento hasta las alianzas estratégicas, ha influido en las prácticas de fijación de precios más allá de la aviación. Su experiencia abarca toda la cadena de valor —desde operaciones de mostrador hasta estrategia regional— brindándole una perspectiva única sobre eficiencia operativa, segmentación de clientes y penetración de mercado en economías emergentes.

Nacida en Líbano y con fuertes vínculos con América Latina y el caribe, Aline aporta una perspectiva multicultural a la estrategia de precios y desarrollo de negocios. Reconocida conferencista internacional sobre el papel del Transporte Aéreo y el Turismo en mercados emergentes, combina experiencia práctica en la industria. Este libro sintetiza sus metodologías probadas sobre estrategias de precios, gestión de costos y crecimiento sostenible entre industrias.

Introducción: La Evolución de los Precios en la Aviación

Capítulo 1: Fundamentos de la Fijación Estratégica de Precios en el Transporte Aéreo

El Desafío Único de la Industria Aérea

    1.1.1 Dinámica compleja del mercado y volatilidad de precios
    1.1.2 Fluctuaciones de demanda en tiempo real
    1.1.3 Costos fijos vs estructura de costos variables
    1.1.4 Aerolíneas tradicionales vs bajo costo: Dos modelos en contraste

1.2 Principios Universales de Precios
    1.2.1 Percepción de valor y disposición de pago
    1.2.2 Fundamentos de segmentación de mercado
    1.2.3 Enfoques basados en costos vs mercado
    1.2.4 Elasticidad de precios por segmento
    1.2.5 Aplicación de principios aéreos a otras industrias

1.3 El Imperativo del ROI
    1.3.1 Métricas de optimización de ingresos
    1.3.2 Medición de utilización de capacidad
    1.3.3 Fundamentos de gestión de rendimiento
    1.3.4 Marcos de evaluación de inversiones
    1.3.5 Equilibrio entre ingresos inmediatos y rentabilidad futura

Capítulo 2: Gestión Estratégica de Ingresos

2.1. Percepción de Valor y Segmentación

    2.1.1 Dinámica viajero corporativo vs turista
    2.1.2 Factores geográficos y culturales
    2.1.3 Ventanas de reserva y sensibilidad al precio
    2.1.4 Análisis de disposición de pago

2.1.5 Estrategias de segmentación multisectorial
2.2 Previsión de Demanda y Estrategia de Precios
    2.2.1 Metodologías de análisis histórico
    2.2.2 Patrones estacionales y ciclos
    2.2.3 Evaluación del impacto competitive
    2.2.4 Modelado de elasticidad
    2.2.5 Herramientas y técnicas predictivas

2.3 Análisis Competitivo y Posicionamiento
    2.3.1 Marcos de análisis de rutas y mercados
    2.3.2 Monitoreo de precios competitivos
    2.3.3 Herramientas de posicionamiento
    2.3.4 Valor de marca en la fijación de precios
    2.3.5 Cuota de mercado vs optimización de Rendimiento

2.4 Aplicaciones Intersectoriales
    2.4.1 Adaptaciones sector minorista
    2.4.2 Paralelos con industria hotelera
    2.4.3 Implementaciones sector servicios
    2.4.4 Aplicaciones sector manufacturero

Capítulo 3. Estructuras Avanzadas de Precios
    3.1 Descuentos Estratégicos y Paquetización
    3.2 Segmentación en la Práctica
    3.3 Ingresos Complementarios
    3.4 Adaptación de Estrategias Aéreas a Otros Sectores

Capítulo 4. Transformación Digital y Gestión de Costos
    4.1 Tecnología en Precios Modernos
    4.2 Analítica de Datos para Decisiones
    4.3 Optimización de Costos e Innovación

Capítulo 5. Estrategia Centrada en el Cliente
    5.1 Arquitectura de Programas de Fidelización
    5.2 Gestión de Experiencias

5.3 Alianzas Estratégicas

Capítulo 6. Dinámica de Mercados Internacionales
6.1 Evaluación de Oportunidades
6.2 Gestión de Disrupciones
6.3 Estrategias de Expansión Internacional

Capítulo 7. Decisiones Basadas en ROI
7.1 Marcos de ROI para Iniciativas de Precios
7.2 Medición del Éxito Intersectorial
7.3 Estrategias a Prueba de Futuro

Capítulo 8. Aplicaciones Prácticas
8.1 Casos de Estudio del Sector Aéreo
8.2 Tendencias y Tecnologías Emergentes
8.3 Conclusiones

**Introducción: La Evolución de los Precios en la Aviación
El Precio de la Libertad**

En 1978, cuando el gobierno de EE. UU. desreguló la industria aérea, pocos pudieron prever cómo este acto revolucionaría no solo los viajes aéreos, sino todo el campo de la estrategia de precios. Antes de la desregulación, las aerolíneas competían principalmente en servicio y horarios, con precios fijados por la Junta de Aeronáutica Civil. Después, la fijación de precios se convirtió en la herramienta competitiva más poderosa del arsenal de una aerolínea—y uno de sus mayores desafíos.

De Tarifas Simples a Armas Estratégicas

La historia de los precios aéreos es un viaje de la simplicidad a la complejidad sofisticada. En la era regulada, la fijación de precios era directa: un asiento de Nueva York a Los Ángeles costaba lo mismo si se compraba con meses de anticipación o minutos antes de la salida. Hoy, ese mismo asiento puede venderse a docenas de precios diferentes, determinados por una intrincada danza de oferta, demanda, competencia y tiempo.

Esta evolución no fue simplemente consecuencia de que las aerolíneas se volvieran codiciosas o más sofisticadas. Surgió de la economía fundamental de la industria: altos costos fijos, inventario perecedero y patrones de demanda altamente variables. Las aerolíneas tuvieron que aprender—frecuentemente a través de dolorosos ensayos y errores—cómo equilibrar su capacidad fija con la demanda fluctuante mientras generaban suficientes ingresos para cubrir sus enormes costos fijos.

Conceptos clave a tratar en este capítulo: Los precios como herramienta estratégica más que función puramente operativa. Vincula la competencia entre aerolíneas tradicionales y de bajo costo con la percepción de valor y segmentación del mercado. Establece la importancia del contexto cultural en las decisiones de precios.

Por Qué los Precios Son Cruciales en la Aviación

La fijación de precios en la aviación trasciende lo operativo para convertirse en herramienta estratégica crítica. Considere estas características fundamentales:

1. Intensidad de Activos
   - Una aeronave moderna supera los $100 millones
   - Se requiere 60-70% de ocupación para punto de equilibrio
   - Decisiones de flota comprometen capacidad por décadas
2. Caducidad
   - Asiento vacío es ingreso perdido permanentemente
   - Imposibilidad de almacenar inventario
   - Cada vuelo representa nuevo desafío de precios

3. Volatilidad de Demanda
    - Viajeros corporativos pagan tarifas premium lunes por la mañana
    - Turistas buscan ofertas en temporada baja
    - Fluctuaciones estacionales afectan redes completas

El Nacimiento de la Gestión de Ingresos

La gestión de ingresos surgió de los desafíos únicos de la industria aérea. A principios de los 80, las aerolíneas tradicionales enfrentaron amenaza existencial de nuevos competidores de bajo costo con tarifas mínimas. Necesitaban igualar estas tarifas bajas para clientes sensibles al precio mientras mantenían tarifas altas para quienes podían pagar más.

American Airlines fue pionera en la gestión de rendimiento, utilizando sistemas computarizados para rastrear y pronosticar patrones de demanda. Para mediados de los 80, desarrollaron sistemas sofisticados para ofrecer diferentes tarifas según tiempo de compra, requisitos de estadía y otras restricciones. Este enfoque, revolucionario entonces, es ahora práctica estándar en múltiples industrias.

Más Allá de las Aerolíneas: Un Laboratorio Universal
La fijación de precios aéreos se destaca como campo de pruebas para estrategias ahora utilizadas desde hoteles hasta comercio minorista. La industria ha resuelto desafíos que otros sectores apenas comienzan a enfrentar:
- Segmentación por disposición de pago
- Ajuste dinámico de precios
- Gestión de competencia en tiempo real
- Equilibrio entre ingresos inmediatos y posición de mercado

La Revolución Digital
Los años 90 trajeron otra transformación con internet. La transparencia de precios desafió el poder tradicional de los hubs centrales, forzando sistemas más sofisticados de precios dinámicos.

Desafíos Actuales
Los ejecutivos enfrentan:
- Competencia global en cada ruta
- Transparencia inmediata de precios
- Clientes con herramientas de seguimiento
- Optimización de ingresos auxiliares
- Consideraciones complejas de alianzas

Mirando Adelante
Exploraremos cómo las aerolíneas han desarrollado respuestas sofisticadas a preguntas fundamentales:
- Maximización de valor con capacidad fija
- Segmentación efectiva
- Competencia más allá del precio
- Predicción e influencia de demanda

Nota de la Autora

En mis dos décadas gestionando estrategias de precios para Air France-KLM, he reconocido la fijación de precios como pilar fundamental del éxito empresarial. Mientras muchos se enfocan en desarrollo de producto o marca, son los precios los que transforman valor en beneficio. Este libro comparte aprendizajes del exigente laboratorio de precios aéreos, aplicables a cualquier industria: retail, hospitalidad, servicios profesionales o manufactura.

Capitulo 1: Fundamentos de Precios Estratégicos en el Transporte Aéreo

Introducción

Imagina descubrir que tu compañero de asiento pagó la mitad por el mismo vuelo. La frustración inicial dará paso a la comprensión de por qué esto es vital para la supervivencia de las aerolíneas.

La industria aérea se ha convertido en el laboratorio de precios más sofisticado del mundo. Cada vuelo es un nuevo rompecabezas: asientos idénticos con tarifas distintas, patrones de demanda cambiantes y competencia en tiempo real. Esta complejidad es resultado de una industria forzada a innovar para sobrevivir.

1.1 El Desafío Único de la Industria Aérea

Dinámica Compleja y Volatilidad de Precios

Las aerolíneas operan donde múltiples factores crean desafíos sin precedentes. A diferencia del comercio minorista que almacena inventario o una fábrica que ajusta producción, las aerolíneas deben vender un producto perecedero en condiciones que cambian por minuto.

Efectos de Red

Cada decisión de precios repercute en toda la red. Reducir tarifas Nueva York-Londres afecta el tráfico de conexión desde Boston, Washington y Chicago, creando interdependencias complejas que requieren equilibrio constante.

[PERSPECTIVA DE LA EXPERIENCIA:: En 2015, gestionando la estrategia de precios de Air France-KLM Cercano Oriente durante la crisis petrolera, enfrentamos un dilema. La ruta Dubai-París afectaba toda nuestra red asiática. Reducir tarifas para igualar la competencia del Golfo arriesgaba socavar tarifas en rutas vía París. Solución: crear paquetes específicos para mercados de conexión mientras manteníamos integridad tarifaria en otros. Aprendí que en precios, la solución obvia no siempre es la correcta.]

Intensidad Competitiva

Las aerolíneas compiten en rutas idénticas con múltiples operadores, cada uno con diferentes estructuras de costos, modelos de negocio y objetivos. Los precios pueden cambiar docenas de veces al día según reacciones competitivas.

Variaciones Geográficas
Lo que funciona en un mercado puede fallar en otro. Factores culturales, competencia local y condiciones económicas requieren estrategias específicas.

Marco Regulatorio

A pesar de la desregulación, las aerolíneas operan bajo marcos regulatorios complejos que limitan la libertad de precios.

Fluctuaciones de Demanda en Tiempo Real

Variaciones Horarias:
- **Viajeros corporativos en vuelos matutinos**
- **Turistas en salidas de media tarde**
- **Carga afectando operaciones nocturnas**

Patrones Estacionales:
- **Temporadas altas vacacionales**
- **Impacto de vacaciones escolares**
- **Estacionalidad climática**
- **Eventos culturales**

Factores Externos:
- **Indicadores económicos**
- **Acciones competitivas**
- **Eventos globales**
- **Condiciones locales**

Costos Fijos vs Estructura de Costos Variables

Costos Fijos (70-75%):
- Propiedad o leasing de aeronaves
- Operaciones de base tripulación
- Compromisos mantenimiento
- Inversiones infraestructura

Costos Variables (25-30%):
- Combustible
- Tasas aeroportuarias
- Gastos por pasajero
- Costos específicos de ruta

Esta estructura crea una dinámica única: mientras el costo marginal por pasajero adicional es bajo, se requieren ingresos enormes para cubrir costos fijos.

Aerolíneas Tradicionales vs Bajo Costo: Historia de Dos Modelos

Imagina una mañana típica en el Aeropuerto Internacional de Dubai... En la Terminal 1, un Boeing 777 de Emirates se prepara para su vuelo a Londres, su clase ejecutiva llena de viajeros corporativos que pagaron tarifas premium reservadas hace apenas días. Simultáneamente, en la Terminal 2, un Airbus A321 de Wizz Air se alista para el mismo destino, transportando turistas que aseguraron sus asientos meses antes a una fracción del precio. Mismo destino, misma mañana, pero dos enfoques completamente diferentes de precios y servicio.

Este contraste yace en el corazón de la dinámica más fascinante de la aviación moderna: la coexistencia y competencia entre aerolíneas tradicionales y de bajo costo.

La Historia de la Aerolínea Tradicional: Más Que Ir del Punto A al B

Permítanme compartir un momento revelador de mis años gestionando precios. Durante una reunión estratégica en París, un colega planteó una pregunta simple: "¿Por qué alguien pagaría €2,000 por un boleto en clase ejecutiva cuando puede volar la misma ruta por €200?" La respuesta está en entender que las aerolíneas tradicionales no venden solo un asiento – venden todo un ecosistema de valor.

Piense en la red de una aerolínea tradicional como una sinfonía cuidadosamente orquestada. Cada ruta se conecta con otras, creando una armoniosa red de posibilidades de viaje. Cuando fijábamos el precio de un boleto Dubai-París, no vendíamos solo un vuelo de seis horas; ofrecíamos una puerta de entrada a cientos de destinos en Europa, las Américas y más allá. Este efecto de red moldeaba fundamentalmente nuestra estrategia de precios.

Las aerolíneas tradicionales construyeron su modelo de negocio sobre varios pilares clave que influyen directamente en su enfoque de precios.

El sistema de hub-and-spoke, aunque más complejo y costoso de operar que las rutas punto a punto, permite a estas aerolíneas servir muchos más pares de ciudades de lo que sugeriría su flota.

Por ejemplo, un solo vuelo de Dubai a París podría conectar pasajeros con veinte destinos adicionales en Europa, multiplicando las oportunidades de ingresos pero también complicando las decisiones de precios.

EXPERIENCIA: Recuerdo vívidamente una situación desafiante en 2015 cuando una importante aerolínea de bajo costo entró en nuestra ruta Kuwait-Londres. Nuestro instinto inicial fue igualar sus precios, pero un análisis más profundo reveló que más del 40% de nuestros pasajeros conectaban a otros destinos. Al mantener nuestras tarifas y mejorar nuestra experiencia de conexión, aumentamos nuestra cuota de mercado a pesar de la nueva competencia.

La estrategia de cabina premium de las aerolíneas tradicionales crea otro nivel de sofisticación en precios. Las cabinas business y primera clase, aunque ocupan espacio significativo en la aeronave, pueden generar 40% o más de los ingresos del vuelo. Este flujo de ingresos premium permite a las aerolíneas tradicionales ser más flexibles con sus precios en economía cuando es necesario, creando una cobertura natural contra la competencia de bajo costo.

La Revolución del Bajo Costo: Reimaginando el Viaje Aéreo
La emergencia de las aerolíneas de bajo costo representa una de las disrupciones más exitosas en la historia empresarial. En lugar de intentar competir con la compleja propuesta de valor de las aerolíneas tradicionales, plantearon una pregunta diferente: "¿Qué pasaría si redujéramos el viaje aéreo a lo esencial?"

Las aerolíneas de bajo costo abordaron el mercado con una simplicidad refrescante. Tome el modelo temprano de Ryanair en Europa: volando a aeropuertos secundarios, operando un solo tipo de aeronave y eliminando servicios gratuitos, podían ofrecer tarifas que parecían imposibles para las aerolíneas tradicionales. Su estrategia de precios reflejaba esta simplicidad – tarifas directas que generalmente aumentaban conforme se llenaba el avión, sin la complejidad de vuelos de conexión o alianzas que considerar.

La grandeza del modelo de bajo costo radica en su enfoque láser en el costo unitario. Cada decisión comercial, desde la adquisición del avion hasta los precios, gira en torno a mantener el menor costo posible por asiento.

Este ciclo crea una espiral virtuosa: costos más bajos permiten tarifas más bajas, lo que estimula la demanda, llevando a mayor utilización de aeronaves y costos unitarios aún menores.

EXPERIENCIA: Una de mis lecciones más valiosas vino de gestionar una ruta donde competíamos directamente con una aerolínea del Golfo y una de bajo costo. Descubrimos que el éxito no estaba en intentar ser todo para todos, sino en definir claramente nuestra propuesta de valor para cada segmento. En días pico de viajes de negocios, mantuvimos precios premium mientras ofrecíamos descuentos tácticos en períodos valle.

El Baile Competitivo

Lo fascinante es cómo estos modelos se han influenciado mutuamente con el tiempo. Las aerolíneas tradicionales han aprendido de los éxitos del bajo costo, introduciendo tarifas económicas básicas y desagregando ciertos servicios.

Mientras tanto, algunas aerolíneas de bajo costo han agregado elementos tradicionalmente asociados con aerolíneas de servicio completo, como opciones de reserva amigables para negocios y programas de viajero frecuente.

Esta evolución no ha estado libre de tensión. La presión por mantener el rendimiento (ingreso por asiento) mientras se iguala la competencia de bajo costo ha llevado a estrategias sofisticadas de precios. Las aerolíneas tradicionales ahora comúnmente ofrecen tarifas "básicas" en rutas competitivas mientras mantienen ofertas de servicio completo en otras. Las aerolíneas de bajo costo, a su vez, han desarrollado productos premium para viajeros de negocios que quieren tarifas bajas pero necesitan flexibilidad.

Mirando al Futuro

El futuro de la competencia aérea probablemente no está en el triunfo de un modelo sobre otro, sino en su continua evolución y especialización. Las aerolíneas tradicionales se están volviendo más eficientes mientras mantienen su ventaja de red, mientras que las de bajo costo están encontrando formas de servir mercados corporativos sin comprometer su base de costos.

Para profesionales de precios en todas las industrias, la experiencia del sector aéreo ofrece valiosas lecciones sobre la importancia de propuestas de valor claras, el poder de la segmentación de mercado y la necesidad de equilibrar la respuesta competitiva con el posicionamiento estratégico.
Ya sea que venda asientos de avión, habitaciones de hotel o servicios profesionales, entender estas dinámicas puede ayudar a formar estrategias de precios más efectivas.

1.2 Principios Universales de Precios: Más Allá del tiquete de Embarque

Camine por cualquier aeropuerto principal y presenciará una clase magistral en psicología de precios. Un viajero de negocios se apresura a reservar un vuelo de último minuto a Singapur, pagando voluntariamente cuatro veces lo que el turista a su lado pagó hace tres meses. Una familia de cuatro compara meticulosamente precios para sus vacaciones de verano, mientras un gerente de viajes corporativos negocia tarifas por volumen para el próximo año.

EXPERIENCIA: Un momento particularmente revelador llegó durante el Ramadán en nuestros mercados de Medio Oriente. Descubrimos que las preferencias de horarios de vuelo se invertían completamente durante este período, con vuelos nocturnos repentinamente comandando precios premium.

Esto me enseñó que la percepción de valor no es solo sobre el servicio en sí – está profundamente arraigada en el contexto del cliente y los matices culturales.

La Psicología del Valor
Durante mis años gestionando precios aéreos, una conversación destaca vívidamente. Un cliente frustrado no podía entender por qué su vuelo a París costaba más que el de su colega, a pesar de reservar el mismo día. ¿La diferencia? Su colega se quedaba durante una noche de sábado. Esta simple distinción, aparentemente arbitraria para el cliente, representaba una de las herramientas de precios más poderosas de la aviación – la capacidad de distinguir entre viajeros de negocios y turistas mediante sutiles reglas de reserva.

La percepción de valor en viajes aéreos es notablemente compleja. Un viajero de negocios podría ver una salida a las 6 AM como algo premium, dispuesto a pagar extra para maximizar su día laboral. Mientras tanto, los turistas a menudo ven los vuelos temprano como una inconveniencia, esperando un descuento por la hora incómoda.

El Arte de la Segmentación de Mercado
Piense en la segmentación de mercado como un sofisticado juego de conectar puntos. Cada segmento de clientes representa una combinación única de necesidades, preferencias y sensibilidad al precio. El truco no es solo identificar estos segmentos – es construir barreras entre ellos que los clientes acepten voluntariamente.

Permítanme compartir un ejemplo fascinante de mi experiencia gestionando la ruta Kuwait-Londres.

Notamos un patrón interesante: los vuelos de jueves por la tarde se vendían constantemente a tarifas premium, mientras los vuelos matutinos luchaban. La investigación reveló un fuerte segmento de viajeros gubernamentales que preferían salidas por la tarde debido a patrones de horario laboral.

La segmentación conductual en aerolíneas va mucho más allá de simples distinciones negocio/ocio:
- Los madrugadores que planean con meses de anticipación
- Los viajeros flexibles felices de tomar rutas indirectas por ahorros
- Los viajeros de negocios sensibles a horarios
- Los viajeros de último minuto insensibles al precio
- Los grupos y operadores turísticos con necesidades por volumen

Cada segment require de su propia estratgia de precios y de segmentacion.

De Costo-Plus a Precios Basados en Mercado

Una de las evoluciones más significativas en precios aéreos ha sido el cambio de enfoques basados en costos a enfoques basados en mercado. En los primeros días de la aviación, la fijación de precios era relativamente simple: calcular costos, agregar un margen y establecer la tarifa.

EXPERIENCIA: Cuando los precios del petróleo se dispararon en 2015, nuestro instinto inicial fue aumentar tarifas globalmente para cubrir el incremento de costos. Sin embargo, el análisis basado en mercado reveló oportunidades para reducir ciertas tarifas en horas valle mientras aumentábamos sustancialmente otras, resultando en mejor ingreso general que un aumento general.

Considere este escenario: dos aeronaves idénticas, misma ruta, mismos costos. Una sale lunes por la mañana, el otro sábado por la tarde. ¿Deberían tener el mismo precio? La fijación de precios basada en costos diría sí. La fijación basada en mercado reconoce que estos vuelos sirven diferentes mercados con diferente disposición a pagar.

Elasticidad de Precio: La Teoría de la Banda Elástica

La elasticidad de precio en viajes aéreos se asemeja a un modelo complejo de banda elástica – algunos segmentos se estiran dramáticamente con cambios de precio, mientras otros apenas se mueven.

Viajeros de negocios típicamente muestran baja elasticidad, particularmente para:

- Ventanas cortas de reserva
- Horas pico de negocios
- Vuelos directos en rutas clave
- Boletos flexibles

Viajeros de ocio, por el contrario, demuestran alta elasticidad, especialmente respecto a:

- Opciones de compra anticipada
- Horarios valle
- Rutas indirectas
- Boletos restringidos

Traduciendo la Sabiduría de la Aviación

Los principios desarrollados por aerolíneas ofrecen valiosas perspectivas para otras industrias. Considere una firma de servicios profesionales luchando con demanda pico. El enfoque de precios basados en tiempo de las aerolíneas podría ayudarlos a suavizar la demanda mientras maximizan ingresos. O una cadena hotelera lidiando con variaciones estacionales – descuentos por compra anticipada estilo aerolínea podrían ayudarles a asegurar reservas tempranas mientras mantienen el rendimiento durante períodos pico.

1.3 El Imperativo del ROI: Haciendo Rentable la Estrategia de Precios

En la industria aérea, el retorno sobre la inversión (ROI) tiene características únicas. A diferencia de la manufactura tradicional o el comercio minorista, las aerolíneas deben optimizar retornos tanto en activos físicos (aeronaves) como virtuales (redes de rutas y sistemas de precios).

EXPERIENCIA: En nuestra ruta Beirut-París, los cálculos puros de ROI sugerían eliminar nuestra frecuencia matutina. Sin embargo, un análisis más profundo reveló que este vuelo, aunque a veces operaba con pérdidas, alimentaba valioso tráfico de conexión hacia nuestra red de las Américas, generando importantes ingresos derivados.

Midiendo el Éxito en el Aire

Las métricas tradicionales de ROI frecuentemente se quedan cortas al capturar la complejidad de las decisiones de precios en aviación. Una ruta puede parecer no rentable en aislamiento pero resultar valiosa al considerar efectos de red y tráfico de conexión. De igual manera, una estrategia de precios que maximiza ingresos a corto plazo podría dañar la posición de mercado a largo plazo.

La clave está en desarrollar marcos integrales de ROI que consideren:
- Impactos directos en ingresos
- Efectos de red
- Posicionamiento de mercado
- Respuesta competitiva
- Valor estratégico a largo plazo

La Ecuación de Inversión

Implementar estrategias sofisticadas de precios requiere inversión significativa en:
- Infraestructura tecnológica
- Sistemas de inteligencia de mercado
- Capacitación y desarrollo de personal
- Capacidades de distribución

Estas inversiones deben evaluarse no solo por sus retornos directos sino por su impacto estratégico y necesidad competitiva.

Mirando al Futuro

A medida que avanzamos hacia enfoques de precios cada vez más sofisticados, la capacidad de medir y demostrar el ROI se vuelve aún más crucial. Los ganadores en este panorama evolutivo serán aquellos que puedan equilibrar la optimización de ingresos a corto plazo con el posicionamiento estratégico a largo plazo.

Recuerde: en la fijación de precios aéreos, como en los negocios en general, el objetivo no es solo generar ingresos – es crear valor sostenible tanto para la empresa como para sus clientes. Los principios que hemos explorado proporcionan un marco para lograr este equilibrio, aplicable mucho más allá del mundo de la aviación

Capítulo 2: Fundamentos de la Gestión de Ingresos

Introducción: El Baile Diario de la Oferta y la Demanda
Imagínese en el centro de gestión de ingresos de una aerolínea a las 7 AM de un lunes. Tres pantallas demandan su atención: una muestra patrones de reserva para los vuelos del próximo mes, otra exhibe cambios en tarifas de la competencia, y una tercera destaca picos inusuales de demanda. Su teléfono vibra con un mensaje - un competidor acaba de reducir sus tarifas en su ruta principal de negocios en un 20%. Mientras tanto, una temporada festiva próxima necesita decisiones de precios hoy mismo. Bienvenido al mundo de la gestión de ingresos aéreos, donde el arte se encuentra con la ciencia en un baile cuidadosamente orquestado de datos e intuición.

Conceptos clave a discutir en este capítulo: Los Fundamentos de Gestión de Ingresos se construyen sobre las bases de precios introduciendo elementos dinámicos de gestión de demanda. Vincula la teoría de segmentación con la previsión práctica de demanda. Introduce aspectos culturales de percepción de valor en diferentes mercados.

2.1 Percepción de Valor y Segmentación de Mercado: Entendiendo el Elemento Humano

EXPERIENCIA: Al inicio de mi carrera, cometí un error clásico de principiante. Teníamos un vuelo de Dubai a París que luchaba por llenarse. La lógica sugería reducir precios en general. En cambio, mi mentor me enseñó a mirar más profundo.

Descubrimos que mientras nuestro vuelo matutino efectivamente batallaba con viajeros de ocio, era nuestro vuelo más rentable para viajeros de negocios. La solución no era bajar precios - era entender mejor quién volaba cuándo y por qué.

La División Negocios-Ocio: Más Allá de Trajes vs. *Shorts*

La visión tradicional de viajeros de negocios versus ocio como dos grupos distintos simplifica excesivamente una realidad compleja. Piénselo más como un espectro, con múltiples segmentos que tienen diferentes características:

El Viajero Puro de Negocios	El Viajero Híbrido	El Viajero Puro de Ocio
- Reserva dentro de una semana del viaje - Valora flexibilidad de horarios - Prioriza conveniencia de horarios - A menudo limitado por políticas corporativas	- Combina negocios con ocio - Reserva con 2-4 semanas de anticipación - Sensible al precio pero consciente del tiempo - Valora oportunidades de upgrade	- Reserva con meses de anticipación - Altamente sensible al precio - Flexible con fechas - Valora servicios incluidos

Factores Geográficos y Culturales: Una Solución Única No Funciona

Uno de los aspectos más fascinantes en la fijación de precios aéreos es cómo las preferencias varían drásticamente entre mercados. Lo que funciona en una región puede fracasar espectacularmente en otra.

Considere estas variaciones regionales:
- En los mercados del Golfo, las salidas nocturnas frecuentemente alcanzan precios premium
- Los viajeros europeos suelen planificar con meses de anticipación
- Los mercados asiáticos muestran fuerte lealtad a sus aerolíneas nacionales
- Los viajeros norteamericanos son altamente receptivos a la tarificación de servicios adicionales

[PERSPECTIVA DE LA EXPERIENCIA:: Gestionar precios en el Medio Oriente me enseñó lecciones inolvidables sobre factores culturales. Durante el Ramadán, toda nuestra estrategia de precios tenía que cambiar. Los vuelos nocturnos, típicamente los más difíciles de llenar, repentinamente se convertían en inventario premium. Entender estos matices culturales no era solo útil - era esencial para la optimización de ingresos.]

El Juego de las Ventanas de Tiempo

Imagine el inventario aéreo como una obra de teatro con múltiples funciones. Cada vuelo es una función única, y diferentes audiencias pagarán distintos precios dependiendo de cuándo compren sus boletos.

El patrón típico de ventana de reservas se ve así:
- 330-180 días antes: Madrugadores y expertos en planificación

- 180-90 días: Viajeros de ocio organizados
- 90-30 días: Mezcla de planificación ocio y negocios
- 30-7 días: Viajeros de negocios y planificadores tardíos
- 7-0 días: Necesidades de último minuto o emergencias

Disposición a Pagar: La Ciencia Detrás del Precio
Entender la disposición a pagar en la industria aérea es como leer una novela compleja – cada personaje tiene su propia historia, motivaciones y umbral de precio. Durante mis años gestionando estrategia de precios, desarrollamos las "Reglas de Oro de la Disposición a Pagar":

1. Sensibilidad al Tiempo vs. Sensibilidad al Precio
2. Impacto del Propósito del Viaje
3. Disponibilidad de Alternativas
4. Requisitos de Flexibilidad en Reservas

Estrategias de Segmentación entre Industrias
Aunque las aerolíneas fueron pioneras en muchas técnicas de segmentación, otras industrias han adaptado estos principios brillantemente:

Considere un restaurante de alta gama aplicando segmentación estilo aerolínea:
- Descuentos para cena temprana (como descuentos por reserva anticipada)
- Precios premium para horas pico (como horarios de viaje de negocios)
- Ofertas especiales para días valle (como viajes entre semana)

2.2 Previsión de Demanda y Estrategia de Precios: Leyendo las Hojas del Té del Mañana

El Arte y la Ciencia del Análisis de datos Histórico

Imagine intentar predecir el clima de mañana mirando décadas de patrones meteorológicos. Ahora imagine que esos patrones están influenciados por cientos de variables, desde condiciones económicas globales hasta eventos deportivos locales. Bienvenido a la previsión de demanda aérea.

Los Tres Pilares de la Determinacion de Demanda
1. Análisis de Patrones Históricos
    - Curvas de reservas por segmento
    - Variaciones estacionales
    - Patrones por día de la semana
    - Impactos de eventos especiales
2. Monitoreo de Mercado en Tiempo Real
    - Movimientos de precios competitivos
    - Indicadores económicos
    - Eventos de mercado local
    - Análisis de ritmo de reservas
3. Indicadores de Futuro
    - Tendencias de reservas anticipadas
    - Análisis de sentimiento de mercado
    - Pronósticos económicos
    - Tendencias de la industria

Estacionalidad y Ciclos de Precios: La Danza Anual

Los precios aéreos siguen ritmos tan predecibles como las estaciones pero tan variables como el clima. Entender estos patrones requiere tanto una visión macro como micro:

Patrones Macro:
- Temporadas vacacionales
- Calendarios escolares
- Ciclos de negocios
- Impactos climáticos

Patrones Micro:
- Eventos locales
- Festivales regionales
- Torneos deportivos
- Conferencias corporativas

EXPERIENCIA: Cuando las aerolíneas de bajo costo entraron en nuestros mercados principales, enfrentamos una decisión crucial: competir en precio o diferenciarnos en valor. Al analizar nuestra fortaleza de red y capacidades de servicio premium, desarrollamos una estrategia de 'defensa de valor' que mantuvo la rentabilidad mientras protegía nuestra cuota de mercado.

2.3 Análisis Competitivo y Posicionamiento: El Campo de Batalla Estratégico

La competencia aérea es como un sofisticado juego de ajedrez jugado simultáneamente en múltiples tableros. Cada ruta representa un campo de batalla único, cada competidor un oponente diferente, y cada decisión de precios una jugada que puede resonar en toda tu red.

Permítanme compartir una historia que ilustra perfectamente esta complejidad.

El Gambito del Maestro: La Competencia en Acción

En 2015, mientras gestionaba la ruta Dubai-Londres, enfrentamos un momento crítico cuando una aerolínea del Golfo anunció un aumento significativo de capacidad junto con precios agresivos. Nuestro instinto inicial fue igualar sus precios en toda la línea – una reacción común pero frecuentemente equivocada. En su lugar, dimos un paso atrás para analizar el panorama competitivo completo.

Esta situación nos enseñó que el análisis competitivo en aviación requiere entender tres dimensiones clave: el campo de batalla de la ruta, el ecosistema competitivo y la posición estratégica de cada jugador.

Leyendo el Campo de Batalla: Análisis de Ruta y Mercado

Piense en el análisis de ruta como recopilación de inteligencia militar. Cada ruta tiene sus características únicas que determinan las reglas del juego. En Dubai-Londres, por ejemplo, no solo competíamos con vuelos directos. Competíamos con conexiones a través de Estambul, Frankfurt y París, cada una ofreciendo diferentes propuestas de valor a diferentes segmentos de clientes.

Un análisis integral de ruta considera:
1. Dinámica del Mercado Primario Comprender los flujos principales de tráfico, ya sean impulsados por negocios, ocio o visitas a familiares y amigos (VFR). Cada uno tiene diferentes sensibilidades de precio y patrones de reserva.

2. Opciones Alternativas No solo competidores directos, sino todas las alternativas razonables de viaje. En rutas cortas, esto puede incluir trenes de alta velocidad o incluso conducir. En rutas largas, incluye opciones de rutas indirectas.

3. Entorno de Capacidad La capacidad total del mercado, su distribución en diferentes horarios del día, y variaciones estacionales influyen en el poder de fijación de precios.

2.3.2. Inteligencia de Precios Competitivos: Más Allá de Igualar Precios

La competencia aérea moderna requiere sistemas sofisticados de monitoreo, pero el verdadero arte está en interpretar los datos.

Durante mi gestión, desarrollamos lo que llamamos el "Marco de Respuesta Competitiva", que iba más allá de simplemente igualar precios para considerar:

EXPERIENCIA: Cuando gestionaba nuestra red de Medio Oriente, enfrentamos intensa competencia tanto de aerolíneas premium del Golfo como de emergentes aerolíneas de bajo costo. El éxito no vino de intentar ser todo para todos, sino de definir claramente nuestra propuesta de valor única para cada segmento del mercado.

Análisis de Intención Estratégica: Entender por qué los competidores hacen movimientos específicos de precios.

- ¿Es una promoción táctica o un cambio estratégico?
- ¿Están dirigiéndose a segmentos específicos o haciendo una jugada amplia de mercado?

Evaluación de Impacto de Capacidad: Evaluar cómo las decisiones de capacidad de los competidores afectan la dinámica del mercado. Más capacidad no siempre significa precios más bajos si se corresponde con una demanda fuerte.

Consideraciones de Red: Analizar cómo la competencia en rutas específicas afecta el rendimiento más amplio de la red.

2.3.3. Posicionamiento Estratégico: Encontrando Tu Punto Óptimo

El posicionamiento estratégico en mercados aéreos involucra varios elementos clave:

Valor de Marca: Las aerolíneas premium deben mantener integridad de precios mientras permanecen competitivas. Esto frecuentemente significa enfocarse en servicios de valor agregado y beneficios de red en lugar de competir únicamente en precio.

Rendimiento vs. Cuota de Mercado: El eterno dilema aéreo no siempre es una elección excluyente. En nuestras rutas europeas, desarrollamos un enfoque segmentado: foco en rendimiento durante horas pico de negocios, foco en cuota de mercado durante períodos valle.

Poder de Red: Entender y aprovechar las fortalezas de tu red. Una ruta aparentemente no rentable podría ser valiosa por su tráfico de alimentación a mercados más lucrativos.

El arte del posicionamiento estratégico en mercados aéreos es menos sobre ser todo para todos y más sobre tomar decisiones deliberadas sobre dónde y cómo competir. Permítanme compartir un momento crucial de mi experiencia que ilustra esto perfectamente.

En 2015, enfrentando intensa competencia en nuestras rutas premium, tuvimos que tomar una decisión crucial. Nuestros competidores del Golfo ofrecían productos superiores (asientos, salones, aeronaves) a precios competitivos, mientras las aerolíneas de bajo costo nos socavaban en económica. En lugar de intentar igualar ambos, realizamos un análisis profundo de nuestras fortalezas y base de clientes.

El resultado revolucionó nuestro enfoque. Descubrimos que nuestra verdadera ventaja competitiva yacía en nuestra conectividad de red y conveniencia de horarios para viajeros de negocios. Esto nos llevó a:
- Fortalecer nuestros horarios para viajeros de negocios
- Mejorar nuestros programas corporativos
- Enfocar el marketing en beneficios de red
- Desarrollar productos únicos de conexión

¿El resultado? Mientras cedimos algo de tráfico puramente turístico a aerolíneas de bajo costo, nuestro rendimiento y cuota de mercado en segmentos de alto valor aumentaron.
La lección fue clara: el posicionamiento estratégico no se trata de ser el mejor en todo – se trata de ser el mejor en lo que más importa a tus clientes objetivo.

EXPERIENCIA: Gestionar precios me enseñó que el valor de marca no se trata solo de cobrar más – se trata de tener la flexibilidad de cobrar el precio correcto en el momento correcto sin dañar tu posición en el mercado. Nuestras rutas más fuertes no eran necesariamente aquellas con las tarifas promedio más altas, sino aquellas donde podíamos mantener precios estables a pesar de las presiones competitivas.

2.1.1 Consideraciones de Valor de Marca en la Fijación de Precios: La Paradoja Premium

Quizás ningún aspecto de la fijación de precios aéreos es más malentendido que la relación entre valor de marca y poder de precios. Permítanme comenzar con una verdad contraintuitiva: las marcas aéreas más fuertes no siempre comandan los precios más altos, pero sí disfrutan de mayor estabilidad en precios.

Los Cuatro Pilares del Valor de Marca en Precios

1. Premio por Confianza Cuando los clientes confían en tu marca, frecuentemente están dispuestos a pagar un pequeño premium incluso cuando los competidores ofrecen precios más bajos. Sin embargo, este premium tiene límites. En mi experiencia, el "premio por confianza" raramente excede el 10-15% en rutas competitivas. Más allá de eso, incluso las marcas más fuertes ven una erosión significativa de cuota de mercado.

2. Consistencia en Precios Las marcas fuertes necesitan una lógica de precios consistente. Aprendimos esta lección por las malas cuando descuentos profundos experimentales en rutas premium llevaron a confusión del cliente y, finalmente, dilución de ingresos. Tus precios deben contar la misma historia que tu marca.

3. Alineación Servicio-Precio El valor de marca en aerolíneas está inextricablemente vinculado a la entrega del servicio. Desarrollamos lo que llamamos la "Matriz Servicio-Precio" – una herramienta que ayudaba a asegurar que nuestros precios se alinearan

con nuestros niveles de servicio a través de diferentes rutas y cabinas. Cuando ocurría un desalineamiento, tanto la satisfacción del cliente como los ingresos sufrían.

4. Defensa de Posición de Mercado Las marcas fuertes tienen más opciones para responder a amenazas competitivas. Durante mi gestión, enfrentamos numerosas guerras de precios, pero la fortaleza de nuestra marca nos permitió mantener posicionamiento premium en mercados clave mientras igualábamos selectivamente a los competidores donde era necesario.

Aplicación Práctica: El Marco del Valor de Marca Así es como traducimos el valor de marca en decisiones prácticas de precios:

Mercados Premium:
- Mantener estabilidad de precios
- Enfoque en diferenciación de servicio
- Precios premium selectivos
- Programas corporativos sólidos
- Aprovechamiento del programa de fidelización
-

Mercados Competitivos:
- Posicionamiento estratégico de precios
- Servicio con valor agregado
- Aprovechamiento de ventaja de red
- Promociones dirigidas
- Descuentos consistentes con la marca

[PERSPECTIVA DE LA EXPERIENCIA:: En nuestra ruta París-Nueva York, descubrimos que el valor de marca no era uniforme en todos los segmentos de clientes. Los viajeros de negocios valoraban altamente nuestra reputación de marca y fiabilidad de red, mientras los viajeros de ocio eran más sensibles al precio. Esto nos llevó a desarrollar estrategias de precios específicas por segmento que mantenían el valor de marca mientras seguíamos siendo competitivos.]

Mercados de Ocio:
- Precios base competitivos
- Enfoque en ingresos auxiliares
- Desarrollo de productos en paquete
- Estrategias de precios estacionales
- Protección del valor de marca

El Futuro del Valor de Marca en Precios Aéreos Mirando hacia adelante, el valor de marca en precios aéreos está evolucionando. La transformación digital y la mayor transparencia de precios cambian cómo los clientes perciben y valoran las marcas aéreas. El éxito radica en entender estos cambios y adaptar las estrategias de precios acordemente mientras se mantiene la promesa central de marca que te distingue en el mercado.

Recuerda: Tu marca no es solo lo que dices sobre tu aerolínea – es lo que tus precios dicen sobre tu aerolínea. Cada tarifa que publicas, cada promoción que lanzas y cada punto de precio que defiendes es una declaración sobre la posición de tu marca en el mercado. ¡Asegúrate de que todos cuenten la misma historia!

2.3.5. La Ciencia de la Optimización de Cuota de Mercado y Rendimiento

En la gestión de ingresos aéreos, la relación entre cuota de mercado y rendimiento es como una danza compleja – inclínate demasiado en cualquier dirección y arriesgas perder el equilibrio. Permítanme compartir una historia que ilustra perfectamente esta delicada relación. Consideren nuestra experiencia en la ruta París-Nueva York:

En 2015, nuestra ruta París-Nueva York enfrentó un dilema fascinante. Manteníamos una fuerte cuota de mercado en clase ejecutiva pero luchábamos con rendimientos decrecientes. Mientras tanto, nuestra cabina económica mostraba rendimientos estables pero perdía cuota de mercado frente a competidores agresivos. La respuesta tradicional habría sido clara: proteger los rendimientos de clase ejecutiva mientras luchábamos por cuota de mercado en económica.

Sin embargo, un análisis detallado reveló oportunidades para estimular la demanda premium durante temporadas intermedias mientras manteníamos rendimientos económicos a través de una mejor gestión de inventario.

La clave está en entender la elasticidad de diferentes segmentos del mercado y su impacto en la rentabilidad general.

Esto requiere:
1. Segmentación Clara Entender la sensibilidad al precio no es solo cuestión de ejecutiva versus económica. En la ruta París-Nueva York, identificamos cinco segmentos distintos de clientes, cada uno con su curva de elasticidad:
- Viajeros corporativos contratados
- Viajeros de negocios independientes
- Viajeros de ocio premium
- Viajeros de ocio sensibles al precio
- Visitas a amigos y familiares (VFR)

2. Alineación de Propuesta de Valor El mismo asiento tiene diferentes propuestas de valor en diferentes momentos:
- Variaciones por día de la semana
- Patrones estacionales
- Preferencias de hora del día
- Impactos de ventana de reserva

3. Evaluación de Posición Competitiva Tu capacidad para impulsar rendimiento o cuota de mercado depende en gran medida de tu posición competitiva:
- Fortaleza de horarios
- Calidad del producto
- Ventajas de red
- Percepción de marca

Tomando Decisiones Estratégicas
El éxito en la competencia aérea viene de tomar decisiones informadas sobre dónde y cómo competir. La cuota de mercado en aerolíneas no es solo cuestión de números de pasajeros. Desarrollamos lo que llamamos el "Marco de Cuota de Valor":

Esto significa:
1. Identificar Mercados Clave - ¿Dónde tienes ventajas competitivas sostenibles?
2. Entender el Valor para el Cliente - ¿Qué valoran más los diferentes segmentos?
3. Aprovechar las Fortalezas de Red - ¿Cómo puedes usar tu red para crear ventajas competitivas?

El arte de la competencia aérea no está en ganar cada batalla – está en ganar las que más importan para tu estrategia mientras mantienes una posición competitiva sostenible en toda tu red.

El Camino Adelante: Un Nuevo Paradigma
El futuro de la optimización de cuota de mercado y rendimiento reside en:

1. Integración Sofisticada de Datos
- Inteligencia de mercado en tiempo real
- Capacidades analíticas avanzadas

- Modelado predictivo
- Análisis de comportamiento del cliente

2. Adaptación Dinámica de Estrategia
- Mecanismos de respuesta flexible
- Herramientas de optimización automatizada
- Enfoques específicos por mercado
- Sistemas de aprendizaje continuo

3. Toma de Decisiones Basada en Valor
- Enfoque en ingresos totales
- Consideración del valor de red
- Sostenibilidad a largo plazo
- Alineación estratégica

Conclusión: El Imperativo Estratégico

El arte de equilibrar cuota de mercado y rendimiento no está en encontrar un único punto perfecto de equilibrio – está en mantener un balance dinámico que cambia con las condiciones del mercado, la dinámica competitiva y las prioridades estratégicas. El éxito viene de entender que cada mercado, ruta e incluso vuelo requiere su propio enfoque cuidadosamente calibrado.

Recuerda: En la gestión de ingresos aéreos, el objetivo no es ganar cada batalla por cuota de mercado o maximizar el rendimiento en cada vuelo. El objetivo es optimizar el valor total de tu red mientras construyes una posición competitiva sostenible que cree rentabilidad a largo plazo.

Esto requiere no solo herramientas y análisis sofisticados, sino también la sabiduría para saber cuándo luchar por cuota, cuándo proteger el rendimiento, y cuándo encontrar soluciones creativas que logren ambos objetivos. Al final, las aerolíneas más exitosas son aquellas que dominan esta danza compleja, manteniendo siempre sus ojos tanto en los pasos inmediatos como en el viaje más largo por delante

2.4. Aplicaciones Intersectoriales: Lecciones desde el Cielo

Introducción

Los principios desarrollados a través de décadas de gestión de ingresos aéreos ofrecen perspectivas invaluables para negocios en todas las industrias. Si bien no hay dos industrias idénticas, los desafíos fundamentales de emparejar oferta con demanda, optimizar precios y maximizar ingresos trascienden las fronteras sectoriales.

Cuando las industrias intentan adoptar principios de gestión de ingresos aéreos, frecuentemente enfrentan lo que llamo la "trampa de la familiaridad" - los principios parecen sencillos, pero la implementación resulta sorprendentemente compleja. Permítanme compartir algunos ejemplos del mundo real de cómo diferentes sectores superaron estos desafíos.

Sector Minorista: Más Allá del Estante

Al caminar por una tienda minorista moderna, podrías no ver inmediatamente paralelismos con la gestión de ingresos aérea – pero están por todas partes. Permítanme compartir un caso fascinante que ilustra perfectamente esta conexión.

En 2016, asesoré a un minorista de moda que luchaba con la gestión de inventario estacional. Su desafío era notablemente similar al inventario de asientos aéreos: productos perecederos, demanda variable y la necesidad de optimizar precios a lo largo del tiempo. A diferencia de los clientes de aerolíneas que entienden las variaciones de precio, los clientes minoristas esperan precios consistentes en todas las tiendas.

La solución requirió repensar completamente cómo el comercio minorista comunicaba los cambios de precio. Al aplicar principios de gestión de ingresos estilo aerolínea, transformaron su enfoque de comercialización estacional.

La Revolución de la Gestión de Ingresos Minorista

Los minoristas modernos enfrentan desafíos sorprendentemente similares a las aerolíneas:

Gestión de Inventario Perecedero Así como un asiento vacío nunca puede venderse una vez que el vuelo parte, los artículos de moda estacional pierden valor dramáticamente conforme avanza la temporada. ¿La solución? Adoptar principios de precios dinámicos estilo aerolínea:

- Inicio de Temporada: Precios premium para clientes pioneros en moda
- Media Temporada: Promociones dirigidas basadas en niveles de inventario
- Fin de Temporada: Descuentos optimizados para liquidar stock

Previsión de Demanda Los minoristas han aprendido a usar datos históricos como lo hacen las aerolíneas. Una cadena de grandes almacenes con la que trabajamos implementó un sistema de previsión de demanda estilo aerolínea que consideraba:
- Patrones estacionales
- Impactos climáticos
- Calendarios de eventos locales
- Indicadores económicos

Industria Hotelera: Habitaciones y Asientos
Quizás ninguna industria ha adoptado los principios de gestión de ingresos aéreos más completamente que la hotelera. Los paralelismos son obvios – ambas industrias venden inventario perecedero (habitaciones/asientos) con patrones de demanda variables.

De Aerolíneas a Hoteles
La industria hotelera ha adoptado varios principios clave de las aerolíneas:
Precios de Compra Anticipada Los hoteles ahora comúnmente ofrecen descuentos por reserva temprana, como las aerolíneas. Esto ayuda a:
- Asegurar ocupación base
- Pronosticar patrones de demanda
- Optimizar ingreso por habitación disponible

Controles de Duración de Estancia Así como las aerolíneas gestionan tráfico de conexión, los hoteles optimizan patrones de duración de estancia:
- Requisitos de estancia mínima durante períodos pico
- Precios diferenciales para estancias prolongadas
- Optimización de patrones de check-in/out

Industria de Servicios: El Tiempo como Inventario
Las firmas de servicios profesionales enfrentan un desafío único – su inventario es el tiempo, posiblemente incluso más perecedero que los asientos de avión. Firmas legales, consultorías y proveedores de salud se han beneficiado de los principios de gestión de ingresos aéreos.

La Revolución de la Industria de Servicios
Considere los desafíos de una firma consultora:
- Capacidad fija (horas de consultor)
- Demanda variable
- Diferentes segmentos de clientes
- Optimización de períodos pico

Adaptaciones Clave:
- Estrategias de precios pico/valle
- Enfoques de segmentación de clientes
- Técnicas de optimización de capacidad
- Métodos de suavización de demanda

Manufactura: Más Allá de la Planificación Tradicional
Aunque la manufactura difiere fundamentalmente de las aerolíneas en tener flexibilidad de inventario, muchos principios aéreos han probado ser valiosos en este sector.

En la manufactura moderna, la gestión de capacidad de producción se asemeja cada vez más a la gestión de asientos aéreos. Consideremos una planta automotriz: aunque pueden almacenar vehículos terminados, el tiempo de producción en la línea de montaje es tan valioso como un asiento de avión - una vez perdido, no se puede recuperar. Las fábricas están adoptando sistemas de precios dinámicos similares a los de las aerolíneas para gestionar los picos de demanda y optimizar la utilización de su capacidad productiva.

Más aún, la manufactura está aprendiendo de las aerolíneas sobre la importancia de la segmentación de clientes y la diferenciación de precios. Por ejemplo, un fabricante de electrodomésticos puede ofrecer diferentes precios basados en plazos de entrega, similar a cómo las aerolíneas varían sus tarifas según la anticipación de la reserva.

Los clientes que necesitan entrega inmediata pagan un premium, mientras que aquellos que pueden esperar reciben mejores precios, permitiendo a la fábrica optimizar su programación de producción y maximizar sus ingresos.

Revolución en la Planificación de Demanda
Los fabricantes modernos han adoptado varios conceptos aéreos:
Aplicaciones de Precios Dinámicos
- Estrategias de precios estacionales
- Precios específicos por canal
- Ajustes según respuesta del mercado
- Segmentación basada en valor

Optimización de Capacidad
- Programación de producción
- Asignación de recursos
- Gestión de inventario
- Previsión de demanda

Los Principios Universales
A través de todas estas industrias, varios principios clave de gestión de ingresos aéreos prueban ser universalmente valiosos:
1. **Poder de Segmentación:** Entender diferentes segmentos de clientes y su percepción de valor es crucial independientemente de la industria.
2. **Relaciones Tiempo-Valor:** El principio de que el mismo producto/servicio tiene diferentes valores en diferentes momentos aplica universalmente.

3. **Optimización de Capacidad:** Ya sea vendiendo asientos, habitaciones, horas o productos, optimizar capacidad fija es un desafío universal.
4. **Precios Dinámicos:** La capacidad de ajustar precios basados en demanda, tiempo y condiciones de mercado es cada vez más importante en todos los sectores.

Conclusión: El Futuro de la Gestión de Ingresos

Conforme la tecnología avanza y el comportamiento del consumidor evoluciona, los principios desarrollados por las aerolíneas se vuelven cada vez más relevantes en todas las industrias. La clave para una adaptación exitosa no está en copiar exactamente los métodos aéreos, sino en entender los principios subyacentes y adaptarlos a las características únicas de cada industria.

El futuro de la gestión de ingresos verá:
- Mayor personalización
- Optimización de precios en tiempo real
- Integración de analítica avanzada
- Segmentación mejorada de clients

El Futuro de la Gestión de Ingresos Intersectorial Tendencias Emergentes e Innovaciones

1. Toma de Decisiones Mejorada por IA
   - Reconocimiento de patrones entre industrias
   - Integración de analítica predictiva
   - Capacidades de ajuste en tiempo real
2. Optimización Centrada en el Cliente
   - Modelos de precios personalizados
   - Integración de programa de fidelización
   - Seguimiento de percepción de valor
3. Gestión Integrada de Canales
   - Coordinación de precios omnicanal
   - Optimización de costos de distribución
   - Optimización de cobertura de mercado

Capítulo 3: Estructuras Avanzadas de Precios - Más Allá de las Tarifas Básicas

Introducción: La Evolución de los Precios Aéreos

En 2014, mientras enfrentábamos una creciente presión de las aerolíneas de bajo costo en el mercado de Medio Oriente, hicimos un descubrimiento que transformaría nuestro enfoque de precios. Un análisis profundo de nuestros datos de reservas reveló que los clientes no solo compraban vuelos – compraban soluciones a necesidades de viaje.

Esta revelación nos llevó a reimaginar completamente nuestra estructura de precios, yendo más allá del modelo tradicional basado en tarifas hacia un enfoque más sofisticado que reflejaba mejor cómo los clientes valoraban nuestros servicios.

Conceptos clave a discutir en este capítulo: Estructuras Avanzadas de Precios evoluciona desde precios básicos hasta estrategias sofisticadas de paquetización. Conecta principios de gestión de ingresos con adaptación cultural. Introduce ingresos auxiliares como herramienta estratégica más que como complemento táctico.

3.1 Descuentos Estratégicos y Paquetización: El Arte de la Creación de Valor

Piense en la paquetización aérea no como empaquetado de productos, sino como solución de problemas del cliente. Un viajero de negocios no solo quiere un asiento en clase ejecutiva, quiere una experiencia de viaje sin contratiempos que podría incluir:

- Selección premium de asiento
- Seguridad fast-track
- Acceso a sala VIP
- Manejo prioritario de equipaje
- Condiciones flexibles de reserva

EXPERIENCIA: Cuando introdujimos por primera vez tarifas empaquetadas en nuestra ruta Dubai-París, enfrentamos un escepticismo significativo de nuestro equipo de gestión de ingresos. La sabiduría convencional era que la desagregación – cobrar todo por separado – era el camino a la maximización de ingresos. Lo que descubrimos desafió completamente esta suposición.

El Enfoque de la Matriz de Valor

Nuestro éxito vino de entender que diferentes clientes valoraban estos elementos de manera distinta. Esto llevó al desarrollo de lo que llamamos el enfoque de "Matriz de Valor". Considere cómo transformamos nuestra estructura de precios en rutas principales de negocios:

Paquete Económico Clásico:
- Tarifa base con flexibilidad limitada
- Selección estándar de asiento
- Una maleta documentada
- Servicio de comida Este paquete típicamente veía un 15% más de adopción que las tarifas desagregadas, a pesar de un premio de precio relativamente modesto.

Paquete Económico Inteligente:
- Franquicia adicional de equipaje
- Asientos con más espacio para piernas
- Embarque prioritario
- Vale de acceso a sala VIP

¿La parte fascinante? Este paquete de nivel medio, con un precio 30% superior, se convirtió en nuestro más vendido en ciertas rutas, particularmente entre pequeños empresarios y viajeros de ocio con alto poder adquisitivo.

Adaptación Regional de Estrategias de Paquetización

El concepto de paquetización "única para todos" falla particularmente en mercados diversos. Permítanme compartir cómo transformamos nuestro enfoque en diferentes regiones:

Dinámica del Mercado Premium de Medio Oriente En la región del Golfo, descubrimos que los precios premium requerían un enfoque fundamentalmente diferente:

Paquete Premium Tradicional
- Asiento clase ejecutiva
- Acceso a sala VIP
- Check-in prioritario
- Equipaje extra

Paquete Premium Adaptado Culturalmente
- Disposición de asientos enfocada en familia
- Acceso extendido a sala VIP para acompañantes
- Acceso a sala de oración
- Preselección de comida halal
- Equipaje extendido para viajes de compras

El paquete adaptado vio un 45% más de adopción comparado con nuestra oferta premium estándar.

Descuentos Estratégicos: Más Allá de Recortes de Precios
El marco de Descuentos Inteligentes consideraba:
- Patrones de demanda estacional
- Variaciones por día de la semana
- Preferencias de hora del día
- Posicionamiento competitivo
- Impacto en la red

3.2 Segmentación de Clientes en la Práctica
Más Allá de los Segmentos Tradicionales
La antigua forma de pensar sobre segmentos aéreos – negocios versus ocio – resultó demasiado simplista para los mercados modernos. A través de extensa investigación de mercado y análisis de patrones de reserva, identificamos varios perfiles de cliente distintos, cada uno requiriendo un enfoque único de precios.

El Marco de Valor por Segmento
Nuestra investigación identificó impulsores clave de valor para diferentes segmentos:

Viajeros Corporativos: El descubrimiento de que la conveniencia de horarios frecuentemente pesaba más que el precio absoluto llevó al desarrollo de "Precios Basados en Valor del Tiempo" en rutas clave de negocios.

Ocio Premium: Este segmento creciente valoraba la flexibilidad y comodidad pero era más sensible al precio que los viajeros tradicionales de negocios.

Buscadores de Valor: Aprendimos que este segmento gastaría más en servicios adicionales si la tarifa base alcanzaba su punto de precio psicológico.

3.3 Oportunidades de Ingresos Auxiliares: La Mina de Oro Oculta

La Revolución Que Cambió la Economía de la Aviación
La historia de los ingresos auxiliares en aviación representa una de las transformaciones más significativas en los modelos de negocio aéreos durante las últimas dos décadas. Lo que comenzó como un concepto simple – cobrar por extras – ha evolucionado hacia una ciencia sofisticada que puede marcar la diferencia entre ganancia y pérdida en la aviación moderna.

Entendiendo la Oportunidad Auxiliar
El pensamiento tradicional aéreo veía los ingresos auxiliares como ingreso suplementario – agradable de tener, pero no central para el negocio. Esta perspectiva perdía una verdad crucial: para muchos clientes, estos "extras" representaban elementos esenciales de su experiencia de viaje. La clave estaba en entender cómo diferentes clientes valoraban diferentes aspectos del viaje.

Los Cuatro Pilares de Ingresos Auxiliares

1. **Productos Relacionados con Asientos** Nuestro análisis reveló que las preferencias de asiento no eran solo sobre espacio para piernas – eran sobre la experiencia completa del viaje:

   - Evolucion de los asientos amplios

Tipo de Ruta	Costo Mas elevado – temporada alta	Costo elevado temporada baja
Negocio	150%	80%
Placer	100%	50%
Mixto	120%	70%

Estrategia de Selección de Asientos: Diferentes asientos tenían diferentes valores para diferentes clientes. Los asientos de ventana comandaban precios premium en rutas escénicas, mientras los asientos de pasillo eran más valiosos en vuelos dominados por viajeros de negocios.

2. Innovación en Equipaje Descubrimos que el equipaje no era solo sobre transporte – era sobre planificación de viaje y tranquilidad mental:

- **Programas de Precompra:** Los descuentos por reserva anticipada de equipaje impulsaban el comportamiento de compra anticipada mientras aseguraban ingresos

- **Precios Basados en Ruta:** Diferentes rutas mostraban patrones distintos de equipaje que requerían precios personalizados

- **Ofertas Específicas por Temporada:** Los períodos vacacionales demandaban estrategias de equipaje diferentes a las temporadas dominadas por negocios

2. **Mejora de la Experiencia Aeroportuaria** La experiencia en el aeropuerto representaba una oportunidad significativa para la creación de valor:

3.1 Programas de Acceso a Salas VIP:

Nivel	Caracteristicas	Adopcion
Basico	Espacio tranquilo, refrigerio	15%
Premium	Comidas Completas, duchas	25%
Elite	Salas Privadas	10%

3.2. Servicios *Fast Track*

Los servicios fast track de seguridad e inmigración mostraron una demanda particularmente fuerte en rutas dominadas por viajes de negocios.

Experiencia a Bordo Los servicios a bordo evolucionaron de simple servicio de comidas a sofisticadas oportunidades de venta:
- Pre-orden de Comida Premium: Especialmente popular en rutas largas con viajeros premium de ocio
- Innovación en Duty-Free: Selección de productos específicos por ruta basada en demografía de pasajeros
- Servicios de Conectividad: Paquetes de Wi-Fi escalonados adaptados a diferentes necesidades de usuario

La Ciencia del Precio de Servicios Auxiliares Factores Clave de Éxito en Estrategia de Servicios Auxiliares

1. Implementación de Precios Dinámicos Los precios auxiliares necesitaban reflejar:
   - Características de ruta
   - Tiempo de viaje
   - Temporada
   - Ofertas de competidores
   - Segmento de cliente

1. Optimización de Canales Diferentes canales mostraron distintos patrones de compra:
   - Usuarios de app móvil: Mayor adopción de asientos de último minuto
   - Reservas por web: Fuerte respuesta a descuentos de precompra
   - Reservas por agencia: Ventas de servicios auxiliares en paquete

2. Estrategias de Temporización La temporización de compra impactó significativamente los ingresos:
   - Optimización de ventana pre-vuelo
   - Oportunidades durante check-in
   - Estrategia de comunicación post-reserva

Medición del Éxito en Servicios Auxiliares

Métrica	Antes	Después	Mejora
Ganancia por pasajero promedio	$23	$42	83%
Ingreso Bruto	18%	31%	72%
Satisfacción del pasajero	72%	84%	17%

El futuro de los servicios complementarios

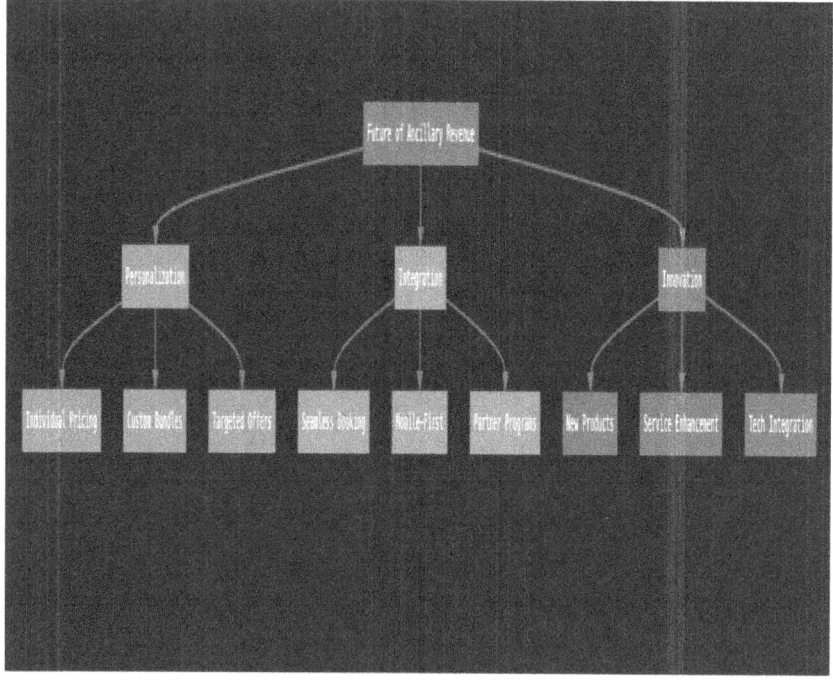

Lecciones para Otras Industrias

La revolución de ingresos auxiliares en aerolíneas ofrece valiosas lecciones para otros sectores:

1. Aplicación en Sector Minorista
   - Servicios de entrega premium
   - Experiencias de compra personal
   - Garantías extendidas
   - Eventos exclusivos para miembros

2. Implementación en Hotelería
   - Programas de mejora de habitación
   - Paquetes de experiencias
   - Check-in temprano/check-out tardío
   - Amenidades premium

Los ingresos auxiliares han evolucionado de flujo de ingreso suplementario a imperativo estratégico. El éxito requiere:
- Estrategias sofisticadas de precios
- Entendimiento profundo del cliente
- Infraestructura técnica
- Innovación continua

3.4 Adaptando Estrategias Aéreas a Otras Industrias
Principios Universales en Acción

Los principios que desarrollamos en precios aéreos han encontrado aplicaciones exitosas en varias industrias. Permítanme compartir algunos ejemplos fascinantes:

Adaptación Sector Minorista
Una importante cadena de tiendas departamentales adaptó exitosamente nuestro modelo de ingresos auxiliares para desarrollar:
- Servicios de entrega premium
- Experiencias de compra personal
- Programas de garantía extendida
- Eventos exclusivos para miembros

Implementación en Servicios Profesionales
Firmas legales y consultoras han adoptado versiones modificadas de nuestras estrategias de precios basadas en segmentos, llevando a:
- Paquetes de servicio escalonados
- Precios premium por trabajos urgentes
- Descuentos por volumen
- Paquetes de servicios con valor agregado

Conclusión: El Futuro de los Precios Avanzados
Mientras miramos al futuro, los principios de estructuras avanzadas de precios continúan evolucionando. Las lecciones clave permanecen constantes:
- Entender la percepción de valor del cliente es crucial
- La segmentación debe basarse en datos conductuales
- La paquetización debe resolver problemas del cliente
- Los ingresos auxiliares requieren pensamiento estratégico
- Las estructuras de precios deben permanecer flexibles y adaptativas

Las estrategias de precios más exitosas no solo generan ingresos – crean valor tanto para la empresa como para sus clientes. Mientras los mercados continúan evolucionando, la capacidad de desarrollar e implementar estructuras sofisticadas de precios se vuelve no solo una ventaja, sino una necesidad para la supervivencia y el crecimiento.

Midiendo el Éxito

Diferentes Mercados Desarrollamos KPIs específicos por mercado que consideraban factores culturales.

Métricas Tradicionales:
- Ingreso por asiento-kilómetro disponible
- Factor de ocupación
- Desempeño de rendimiento

Métricas Culturales Mejoradas:
- Índice de satisfacción cultural
- Tasa de reservas familiares
- Desempeño en festividades religiosas
- Penetración en mercado local

Consideraciones Futuras La evolución de estructuras avanzadas de precios en mercados diversos requiere:

1. **Adaptación Tecnológica**
   - Integración de pagos locales
   - Soluciones mobile-first
   - Patrones regionales de reserva
   - Seguimiento de preferencias culturales
2. **Evolución del Servicio**
   - Mejora de servicio cultural
   - Desarrollo de productos regionales
   - Integración de socios locales
   - Innovación específica por mercado
3. **Innovación en Precios**
   - Precios dinámicos culturales
   - Evaluación de valor regional
   - Paquetización específica por mercado
   - Respuesta a competencia local

Capítulo 4. Transformación Digital y Gestión de Costos

Introducción: De Hojas de Cálculo a Sistemas Inteligentes
La Evolución de la Tecnología de Precios Aéreos: Un Viaje Personal

Era 2005, y me encontraba mirando docenas de hojas de cálculo esparcidas sobre mi escritorio en nuestra oficina de Beirut, calculando manualmente los precios óptimos para los vuelos del mes siguiente. Cada hoja representaba una ruta diferente, cada celda una decisión compleja que equilibraba pronósticos de demanda, precios de competidores y tendencias históricas.

Armada con marcadores de colores, resaltaba patrones, circulaba anomalías y tomaba decisiones de precios que impactarían millones en ingresos. Así era la fijación de precios aéreos en los albores de la era digital – parte ciencia, parte arte, y fuertemente dependiente de la experiencia individual y la intuición.

Avancemos rápidamente a 2015, y esos mismos cálculos se realizaban en milisegundos por algoritmos sofisticados.

Esta transformación no fue solo cuestión de velocidad – cambió fundamentalmente cómo abordábamos la estrategia de precios y la gestión de costos en la industria aérea. Sin embargo, el viaje de la fijación manual a la automatizada cuenta una historia fascinante sobre la evolución de nuestra industria.

Conceptos clave a discutir en este capítulo: La Transformación Digital muestra la evolución de sistemas manuales a automatizados mientras mantiene la sensibilidad cultural. Vincula la capacidad tecnológica con el insight humano. Demuestra cómo las herramientas digitales potencian en lugar de reemplazar la comprensión cultural.

Las Tres Olas de Tecnología de Precios
La Era Manual (Pre-2005) En estos primeros días, los precios dependían fuertemente de:
- Cupones físicos de vuelo para datos históricos
- Monitoreo manual de tarifas competidoras
- Reuniones semanales de precios
- Sesiones de planificación estacional
- Experiencia individual de mercado

Nuestras herramientas eran básicas pero requerían comprensión profunda:
- Plantillas de hojas de cálculo
- Boletines impresos de competidores
- Gráficos históricos de reservas
- Curvas de demanda dibujadas a mano
- Sistemas físicos de archivo de tarifas

El Período de Transición (2005-2010) Esta era vio la primera integración real de tecnología:
- Sistemas básicos de precios automatizados
- Primeras herramientas de gestión de rendimiento
- Monitoreo digital de competidores

- Previsión preliminar de demanda
- Sistemas conectados de reservas

[PERSPECTIVA DE LA EXPERIENCIA:: Recuerdo el día en 2007 cuando instalamos nuestro primer sistema automatizado de precios en nuestras oficinas de Medio Oriente. Uno de nuestros analistas veteranos miró la pantalla y dijo, "Esto nunca entenderá nuestro mercado como nosotros". Tenía razón y no la tenía – mientras el sistema no podía replicar la intuición humana, podía procesar millones de datos de formas que nosotros nunca podríamos.]

La Revolución Digital (2010-2017) La tecnología moderna de precios ha transformado el panorama:
- Monitoreo competitivo en tiempo real
- Algoritmos de precios dinámicos
- Analítica predictiva
- Integración de machine learning
- Optimización automatizada

El Elemento Humano en la Transformación Digital
Quizás la lección más crucial de esta evolución es que la tecnología, sin importar cuán sofisticada sea, sirve para mejorar más que para reemplazar el juicio humano. Los analistas de precios de hoy necesitan ser:
- Intérpretes de datos
- Arquitectos de estrategia
- Validadores de sistemas
- Expertos en mercado

[PERSPECTIVA DE LA EXPERIENCIA:: En 2015, durante una disrupción importante en la región del Golfo, nuestros sistemas sofisticados detectaron patrones inusuales de reserva en nuestra red. Sin embargo, fue la combinación de esta inteligencia digital con el profundo conocimiento de mercado de nuestro equipo lo que nos permitió desarrollar una estrategia de respuesta exitosa.]

La Evolución de las Herramientas
Las herramientas han evolucionado de hojas de cálculo estáticas a sistemas dinámicos que pueden:
- Procesar millones de puntos de precio simultáneamente
- Predecir patrones de demanda con notable precisión
- Ajustar precios en tiempo real basado en condiciones de mercado
- Optimizar a través de redes completas
- Integrar inteligencia competitiva automáticamente

Sin embargo, los principios fundamentales de precios aéreos permanecen inalterados: entender la dinámica del mercado, reconocer el valor para el cliente y equilibrar oferta con demanda. Lo que se ha transformado es nuestra capacidad de ejecutar estos principios con precisión y velocidad sin precedentes.

4.1 El Papel de la Tecnología en Precios Modernos

La transformación de la tecnología de precios aéreos ha ocurrido en tres olas distintas:

Primera Ola: Automatización Básica (2000-2005)
- Sistemas computarizados de reservas
- Herramientas básicas de gestión de rendimiento
- Previsión elemental de demanda
- Reglas estáticas de precios

Segunda Ola: Integración (2006-2010)
- Sistemas conectados
- Gestión de inventario en tiempo real
- Capacidades de precios dinámicos
- Herramientas de monitoreo competitive

[PERSPECTIVA DE LA EXPERIENCIA:: Uno de nuestros mayores avances llegó en 2014 cuando integramos datos competitivos en tiempo real con nuestros sistemas de precios. De repente, podíamos responder a cambios del mercado en minutos en lugar de días. El impacto en nuestros ingresos fue inmediato y significativo – una mejora del 7% en rendimiento en rutas competitivas.]

Tercera Ola: Inteligencia (2011-2016)
- Algoritmos de machine learning
- Analítica predictiva
- Optimización en tiempo real
- Integración de big data

La Evolución del Stack Tecnológico

La tecnología moderna de precios no es solo sobre cálculos más rápidos. Considere cómo evolucionó nuestro stack tecnológico en Air France-KLM:

Capa	2005	2016
Interfaz	Entrada Manual	Basado en APIs
Procesamiento	Por lotes	Tiempo real
Analitica	Descriptiva	Predictiva
Almacenamiento Local	Local	En la nube
Integración	Aislada	Perfecta

[PERSPECTIVA DE LA EXPERIENCIA:: Gestionar siete países me enseñó que los datos sin contexto son solo números. En 2015, nuestros sistemas detectaron patrones inusuales de reserva en nuestra ruta Kuwait-Londres. El análisis puro de datos sugería bajar precios, pero el conocimiento del mercado local reveló la proximidad de una festividad religiosa importante. Mantuvimos los precios estables y alcanzamos factores de ocupación récord.]

La Alianza Humano-Tecnología

La clave para una implementación tecnológica exitosa radica en entender que no se trata de reemplazo, sino de mejora. La tecnología moderna de precios debe:
- Aumentar la toma de decisiones humana
- Automatizar tareas rutinarias
- Proporcionar insights más profundos
- Permitir respuestas más rápidas
- Apoyar el pensamiento estratégico

4.2 Analítica de Datos para la Toma de Decisiones

Piense en la analítica de datos aérea como en la predicción del tiempo. Así como un meteorólogo experto no solo mira lecturas de temperatura sino que considera múltiples factores para predecir el clima de mañana, los precios aéreos modernos requieren entender múltiples señales:

"En mis primeros días, dependíamos fuertemente de la intuición y datos básicos de reservas. Hoy, somos más como meteorólogos de mercado, leyendo señales de múltiples fuentes para predecir nuestro 'clima' comercial."

Considere cómo transformamos nuestro enfoque:

La Revolución de Datos en Precios Aéreos

Los Cuatro Pilares del Análisis de Datos Moderno			
Analítica Descriptiva *Entendiendo qué sucedió:* • Patrones históricos de reservas • Desempeño de ingresos • Factores de ocupación	**Analítica Diagnóstica** *Entendiendo por qué sucedió:* • Análisis de impacto competitivo • Estudios de elasticidad de precios	**Analítica Predictiva** *Entendiendo qué sucederá:* Previsión de demanda Optimización de ingresos	**Analítica Prescriptiva** Entendiendo qué se debe hacer: • Recomendaciones de precios • Optimización de inventario • Planificación de red

• Datos de cuota de mercado	• Desempeño por canal	Predicción de respuesta competitiva	• Identificación de oportunidades de ingresos

Marco de Decisiones Basado en Datos

Humanizando los Datos

El verdadero avance en analítica aérea llegó cuando empezamos a pensar en los datos como historias sobre personas, no solo números. Cada patrón de reserva cuenta una historia:
- El viajero de negocios reservando a último minuto
- La familia planificando sus vacaciones de verano
- El estudiante buscando la mejor oferta
- La pareja permitiéndose un viaje especial

Desarrollamos lo que llamamos la "Matriz de Decisión Inteligente":

Tipo de Decisión	Entrada de Datos	Entrada Humana
Estratégica	Tendencias de mercado		Experiencia
Táctica	Métricas en tiempo real		Conocimiento local
Operativa	Recomendaciones del sistema	Evaluación de riesgo

4.3 Optimización de Costos a través de la Innovación

El Imperativo de la Innovación

La optimización de costos en la aviación moderna no es solo reducir gastos – es sobre enfoques innovadores en la utilización de recursos. Permítanme contarles sobre un momento que cambió mi perspectiva sobre gestión de costos para siempre. Era 2016, y enfrentábamos intensa competencia de aerolíneas del Golfo con recursos aparentemente ilimitados. La respuesta tradicional habría sido recortar costos generalizadamente. En su lugar, intentamos algo diferente.

La Revolución del Gasto Inteligente

"Recortar costos es como hacer una dieta *crash*," frecuentemente digo a mis equipos. "Puede mostrar resultados rápidos, pero no es sostenible. Necesitamos pensar en condición física de costos en su lugar."

Historias de Éxito en Innovación

Permítanme compartir tres transformaciones reales que presencié:

1. **La Revolución de Programación de Tripulación** De rosteres rígidos a programación flexible asistida por IA que consideraba preferencias de la tripulación mientras optimizaba costos. Tripulación feliz, clientes felices, costos más bajos.
2. **La Transformación del Mantenimiento** Pasando de programas fijos de mantenimiento a mantenimiento predictivo. Como pasar de cambiar el aceite cada 5,000 kilómetros a cambiarlo cuando tu auto te dice que es necesario.
3. **La Evolución de Operaciones Terrestres** Transformando la asignación estática de recursos a ajuste dinámico en tiempo real. Piénselo como tener a la gente correcta en el lugar correcto en el momento correcto, siempre.

[PERSPECTIVA DE LA EXPERIENCIA:: Uno de mis momentos de mayor orgullo llegó cuando un manejador de tierra veterano se me acercó con una idea para mejorar tiempos de rotación. Combinando sus 20 años de experiencia con nuestra nueva tecnología, creamos una solución que redujo retrasos en un 30%. La innovación no es solo sobre tecnología – es sobre personas.]

El Marco de Innovación en Costos
1. **Optimización de Recursos**
   - Programación dinámica de personal
   - Planificación automatizada de mantenimiento
   - Gestión inteligente de combustible
   - Optimización de rutas

2. **Innovación de Procesos**
   - Automatización de flujos de trabajo digitales
   - Operaciones sin papel
   - Sistemas integrados
   - Gestión inteligente de inventario

3. **Mejora de Ingresos**
   - Optimización dinámica de precios
   - Innovación en ingresos auxiliares
   - Sinergias de asociación
   - Optimización de red

Análisis ROI de Tecnología

Las inversiones modernas en tecnología requieren análisis sofisticado de ROI:

Area de Inversion	Costo de Implementacion	Impacto en Ingresos	Periodo de Recuperacion
Sistema de Precios	Alto	Significativo	12-18 meses

| Herramientas Analiticas | Medio | Alto | 6-12 meses |
| Automatizacion de procesos | Medio | Medio | 12-24 meses |

Tendencias Futuras e Implicaciones

Mientras miramos hacia 2020 y más allá, varias tendencias clave están emergiendo:

1. Integración de Inteligencia Artificial
   - Decisiones automatizadas de precios
   - Gestión inteligente de inventario
   - Mantenimiento predictivo
   - Modelado de comportamiento del cliente

2. Analítica Avanzada de Datos
   - Optimización en tiempo real
   - Modelado predictivo
   - Segmentación de clientes
   - Planificación de red

3. Innovación en Costos
   - Optimización de recursos
   - Automatización de procesos
   - Operaciones sostenibles
   - Integración inteligente de tecnología

Conclusión: El Futuro Digital

La transformación digital de precios aéreos y gestión de costos no es solo sobre tecnología – es sobre repensar fundamentalmente cómo abordamos nuestro negocio. El éxito requiere:
- Adopción estratégica de tecnología
- Toma de decisiones basada en datos
- Gestión innovadora de costos
- Aprendizaje y adaptación continuos

Pero recuerde, en el corazón de toda esta innovación hay una verdad simple: estamos en el negocio de mover personas, no solo aviones. Cada innovación, cada optimización de costos, cada dato debe en última instancia servir este propósito.

[PERSPECTIVA DE LA EXPERIENCIA: FINAL: Después de dos décadas en precios aéreos, he aprendido que la transformación digital exitosa no se trata de tener la tecnología más avanzada – se trata de tener la tecnología correcta, usada de la manera correcta, por personas que entienden tanto sus capacidades como sus limitaciones.]

Capítulo 5: Estrategia Centrada en el Cliente: Construyendo Relaciones Duraderas

Introducción: El Despertar Cultural
En 2010, durante una revisión rutinaria de nuestro programa de fidelización, hicimos un descubrimiento sorprendente. Nuestros clientes de mayor valor no eran necesariamente aquellos que volaban en clase ejecutiva con más frecuencia, sino aquellos que habían creado relaciones profundas y multigeneracionales con nuestra aerolínea. Familias enteras habían estado volando con nosotros por décadas, tratando nuestra marca como parte de su familia extendida. Esta realización cambió fundamentalmente cómo pensábamos sobre la lealtad del cliente en el mercado del Cercano Oriente.

Conceptos clave a discutir en este capítulo: Estrategia Centrada en el Cliente integra conceptos previos en un enfoque integral del cliente. Muestra cómo el entendimiento cultural moldea los programas de fidelización. Demuestra la aplicación de principios de precios y gestión de ingresos en la construcción de relaciones.

[PERSPECTIVA DE LA EXPERIENCIA:: El momento que verdaderamente abrió mis ojos llegó durante un grupo focal en Beirut. Un cliente leal dijo algo que nunca olvidaré: "No vuelo con ustedes por su programa de puntos - vuelo con ustedes porque mi padre voló con ustedes, y ustedes entienden nuestras necesidades." Este único comentario revolucionó nuestro enfoque de fidelización en la región.]

5.1 Arquitectura del Programa de Fidelización: Una Historia de Dos Modelos

La Evolución Cultural de la Fidelización

Permítanme compartir un momento crucial que cambió mi perspectiva sobre programas de fidelización. Fue durante una cálida noche en 2012. Estaba revisando comentarios de clientes cuando un comentario de un prominente empresario local llamó mi atención: "Su programa de fidelización me recompensa como individuo, pero en nuestra cultura, viajo como patriarca familiar. Mi lealtad debería beneficiar a toda mi familia."

[PERSPECTIVA DE LA EXPERIENCIA:: Este único comentario provocó una reimaginación completa de nuestro enfoque de fidelización en el Cercano Oriente. Nos dimos cuenta de que estábamos tratando de encajar un modelo occidental en un contexto cultural fundamentalmente diferente.]

Modelos Tradicionales vs. Adaptados: Una Mirada Profunda

El Modelo Occidental Tradicional

El enfoque convencional de fidelización aérea se construyó sobre varias suposiciones centrales:
- Enfoque en viajero individual
- Acumulación personal de puntos
- Estructura de cuenta única
- Redención directa de recompensas

El Viaje de Adaptación Cultural

[PERSPECTIVA DE LA EXPERIENCIA:: En 2013, pusimos a prueba nuestro primer programa de fidelización culturalmente adaptado. Inicialmente, hubo resistencia interna - "los programas de fidelización son estandarizados globalmente," decían. Seis meses después, nuestro enfoque centrado en la familia había incrementado la participación en el programa en un 45%.]

Permítanme desglosar cómo transformamos cada elemento:

1. **Estructura de Membresía**

Modelo Tradicional	Modelo Adaptado
Cuentas Individuales	Cuentas Familiares Agrupadas
Titular Único de Tarjeta	Múltiples Tarjetas Familiares
Estatus Personal	Nivel de Estatus Familiar
Beneficios Individuales	Beneficios Familiares Compartidos

2. **Acumulación de Puntos**

Enfoque Tradicional	Evolución Cultural
Millas Personales	Agrupación de Millas Familiares
Umbrales Individuales	Objetivos Familiares Combinados
Progreso Individual de Nivel	Progreso Familiar Colectivo
Reinicio Anual Personal	Reinicio en Aniversario Familiar

3. **Distribución de Beneficios**

Antes	Después
Acceso Individual a Sala VIP	Derechos Familiares de Sala VIP
Upgrades Personales	Pool Familiar de Upgrades
Equipaje Individual	Equipaje Familiar Compartido
Servicios Prioritarios Individuales	Estatus Prioritario Familiar

Matices Culturales en la Práctica

[PERSPECTIVA DE LA EXPERIENCIA:: Una de nuestras innovaciones más exitosas surgió de observar cómo las familias del Golfo viajaban durante el Ramadán. Creamos beneficios especiales de iftar familiar en nuestras salas VIP e implementamos términos flexibles de reserva alrededor de festividades religiosas. Estas simples adaptaciones culturales impulsaron aumentos significativos en la fidelización.]

Diferentes mercados requerían enfoques únicos:

Mercados del Golfo (Kuwait, Arabia Saudita, EAU):
- Inclusión de familia extendida
- Beneficios sensibles al género
- Flexibilidad para festividades religiosas
- Integración de personal doméstico

Mercados del Levante (Líbano, Jordania):
- Conexiones familiares de la diáspora
- Beneficios transfronterizos
- Definiciones flexibles de familia
- Enfoque en viajes educativos

[PERSPECTIVA DE LA EXPERIENCIA: La métrica más reveladora vino del seguimiento de la lealtad generacional. En Kuwait, descubrimos que las familias inscritas en nuestro programa adaptado mostraban una retención de lealtad del 85% a través de tres generaciones.]

El Desafío Tecnológico

Adaptar sistemas globales para manejar requerimientos culturales resultó desafiante:

Desafío	Solución
Bases de Datos Individuales	Arquitectura Vinculada a Familia
Interfaz de Usuario Único	Plataforma de Acceso Multi-Miembro
Seguimiento Personal de Puntos	Gestión de Pool Familiar
Beneficios Estándar	Recompensas Culturalmente Adaptadas

Midiendo el Éxito en Contexto Cultural

Desarrollamos nuevas métricas para medir el éxito del programa:

Métrica Tradicional	Métrica Cultural
Números de Miembros	Números de Unidad Familiar
Ingresos Individuales	Ingresos por Hogar
Compromiso Individual	Compromiso Familiar
Retención Personal	Retención Generacional

Puntos Clave de Aprendizaje

1. La Comprensión Cultural es Crítica
   - Las estructuras familiares varían por región
   - Los beneficios deben reflejar valores locales
   - La sensibilidad cultural impulsa la lealtad
   - Los patrones generacionales importan

2. **Flexibilidad en la Implementación**
   - Adaptar sistemas globales localmente
   - Permitir variaciones culturales
   - Habilitar gestión familiar

3. **La Comunicación es Clave**
   - Hablar el lenguaje de la familia
   - Respetar jerarquías culturales
   - Atender necesidades generacionales
   - Mantener autenticidad cultural

La transformación de nuestra arquitectura de programa de lealtad nos enseñó que la verdadera lealtad en el Medio Oriente no se basa en puntos y millas, sino en comprender y respetar el papel fundamental de la familia en estas sociedades. Cuando alineamos nuestro programa con estos valores culturales, no solo creamos clientes leales; nos convertimos en parte de la familia extendida.

Matices Culturales en Fidelización
Kuwait y Arabia Saudita:
- Beneficios para familia extendida
- Prioridad de acceso a sala de oración
- Servicios segregados por género
- Beneficios específicos para Ramadán

Líbano y Jordania:
- Combinaciones familiares flexibles
- Beneficios transfronterizos
- Características enfocadas en diáspora
- Franquicias extendidas de equipaje

Al adoptar un enfoque verdaderamente centrado en la cultura, podemos no solo construir programas de lealtad más efectivos, sino también forjar conexiones más profundas y significativas con nuestros clientes en el Medio Oriente y más allá. La lealtad auténtica trasciende las transacciones; se trata de entender, valorar y servir a las personas en el contexto de las familias y comunidades que más les importan.

[PERSPECTIVA DE LA EXPERIENCIA:: Un punto de inflexión llegó en 2014 cuando un cliente saudí de alto valor se quejó no de nuestro servicio, sino de nuestra falta de comprensión de las necesidades de viaje de su familia. Esto llevó a la creación de nuestra "Matriz de Experiencia Cultural".]

5.2 Gestión de Experiencia: El Toque Cultural
Piense en la gestión de experiencia aérea como organizar una gran reunión familiar. Así como no serviría cerdo en una celebración de una familia musulmana o programaría un evento importante durante Diwali para sus parientes hindúes, el servicio aéreo exitoso en el Cercano Oriente requiere comprensión cultural profunda y atención cuidadosa al detalle.

Redefiniendo la Experiencia del Cliente: los Tres Pilares de la Experiencia Cultural

La Matriz de Experiencia Cultural
1. Experiencia Pre-Vuelo
   - Plataformas de reserva familiar
   - Requerimientos dietéticos culturales
   - Necesidades de acomodación religiosa
   - Servicios específicos por género

2. Experiencia Durante el Vuelo
   - Opciones de comidas culturales
   - Disposición de asientos familiares

- Notificaciones de horarios de oración
- Contenido en idioma local

3. Experiencia en Aeropuerto
    - Zonas de check-in familiar
    - Prioridades en salas de oración
    - Salones separados por género
    - Instalaciones multigeneracionales

La Tríada Tecnología-Cultura-Servicio

El éxito en la gestión de experiencia cultural depende de tres elementos interconectados:
1. Innovación Tecnológica Como los cimientos de una casa, debe ser fuerte pero flexible para acomodar diferentes estructuras y necesidades familiares.
2. Conciencia Cultural Como un anfitrión experto que conoce las preferencias de sus invitados sin preguntar, la conciencia cultural debe estar integrada en cada punto de contacto del servicio.
3. Excelencia en Servicio El elemento final es como el arte de la hospitalidad misma: combinando tecnología y entendimiento cultural para crear experiencias memorables.

Mirando Adelante: El Futuro de la Estrategia Centrada en el Cliente

A medida que nos acercamos a 2020, el panorama de las relaciones con clientes en aviación continúa evolucionando. Permítanme compartir una historia que ilustra perfectamente hacia dónde nos dirigimos. A finales de 2016, presencié una escena que cristalizó mi visión del futuro.

Una familia de tres generaciones viajaba junta, moviéndose sin problemas por el aeropuerto usando nuestros servicios familiares integrados, mientras mantenía su dinámica tradicional y prácticas culturales. Esto no era solo servicio al cliente – era coreografía cultural.

La Revolución del Entendimiento Cultural
Piense en el entendimiento cultural como aprender un nuevo idioma. No es suficiente conocer las palabras; debe entender los matices sutiles, las reglas no escritas y el contexto cultural. En el Cercano Oriente, este entendimiento comienza con la familia.

La Tecnología como Puente Cultural
El futuro de la tecnología en esta región no es sobre disrupción – es sobre mejora. Nuestros sistemas deben aprender a:
- Reconocer y respetar jerarquías familiares
- Adaptarse a calendarios y prácticas religiosas
- Apoyar procesos tradicionales de toma de decisiones
- Permitir conveniencia moderna mientras preserva valores culturales

El Renacimiento de las Alianzas
El futuro de las asociaciones en el Cercano Oriente requiere pensar más allá de relaciones comerciales tradicionales. No estamos solo construyendo redes de negocio; estamos creando ecosistemas culturales.

[PERSPECTIVA DE LA EXPERIENCIA: FINAL: Después de años gestionando relaciones con clientes en siete países diversos, he aprendido que la verdadera lealtad no viene de puntos o beneficios, sino de entender profundamente y respetar el tejido cultural de cada mercado. Los programas más exitosos son aquellos que se sienten menos como iniciativas corporativas y más como extensiones de valores culturales locales.

Cuando respetas y honras los valores culturales en cada aspecto de tu servicio, no solo creas clientes satisfechos - construyes relaciones duraderas que abarcan generaciones.]

Capítulo 6: Dinámica de Mercados Internacionales

Introducción
En el mundo interconectado de hoy, los mercados aéreos trascienden simples mapas de rutas y flujos de tráfico. Después de explorar estrategias de precios, gestión de ingresos y enfoques centrados en el cliente en capítulos anteriores, ahora dirigimos nuestra atención al que quizás sea

el desafío más complejo que enfrentan las aerolíneas modernas: navegar la dinámica de mercados internacionales. Las lecciones aprendidas de la innovación en precios y la adaptación cultural adquieren nuevo significado cuando se aplican a través de fronteras, culturas y paisajes competitivos.

La historia de los mercados internacionales de aviación es una de evolución constante. Cuando comencé mi carrera, veíamos los mercados a través del lente de simple oferta y demanda. Hoy, entendemos que el éxito en mercados internacionales requiere una mezcla sofisticada de inteligencia cultural, adaptación tecnológica y agilidad estratégica.

Las experiencias compartidas en capítulos anteriores – desde desarrollar programas de fidelización culturalmente sensibles hasta implementar estrategias avanzadas de precios – establecen la base para entender cómo las aerolíneas modernas pueden prosperar en un entorno global cada vez más complejo.

Este capítulo explora tres dimensiones cruciales de la dinámica de mercados internacionales: evaluar oportunidades más allá de métricas tradicionales, gestionar disrupciones inevitables de mercado, y desarrollar estrategias sostenibles de crecimiento transfronterizo.

A través de experiencias del mundo real y perspectivas prácticas, examinaremos cómo las aerolíneas pueden transformar desafíos globales en ventajas competitivas. Los principios que hemos discutido a lo largo de este libro – desde la centralidad en el cliente hasta la innovación tecnológica – encuentran su prueba definitiva en la arena internacional, donde el éxito requiere no solo entender mercados, sino entender la intrincada red de relaciones, culturas y oportunidades que definen la aviación moderna.

El Juego Global de Ajedrez
La vista desde mi oficina en Beirut a principios de 2015 ofrecía una metáfora perfecta de los mercados internacionales de aviación. Desde mi ventana, podía ver aeronaves de docenas de aerolíneas, cada una representando diferentes estrategias, culturas y ambiciones. Algunas eran transportistas europeos tradicionales, otras ambiciosas aerolíneas del Golfo, y otras emergentes gigantes asiáticos. Cada una jugaba el mismo juego pero con reglas y recursos vastamente diferentes.

6.1 Evaluando Oportunidades de Mercado: Más Allá de los Números

Mientras todos los demás estudiaban estadísticas de tráfico e indicadores económicos para una nueva oportunidad de ruta, un sabio mentor me llevó aparte y dijo, "Cuéntame sobre las personas que volarán esta ruta. Cuéntame sus historias."

Este simple cambio de perspectiva – de números a narrativas – transformó cómo evalué oportunidades de mercado durante toda mi carrera.

Las Tres Dimensiones de Oportunidad de Mercado
La evaluación de mercado en aviación se compara a menudo con bienes raíces: ubicación, ubicación, ubicación. Pero en nuestra industria, es más preciso decir: tiempo, capacidad y conectividad.

[PERSPECTIVA DE LA EXPERIENCIA:: Al evaluar una nueva ruta entre Beirut y París, las métricas tradicionales sugerían potencial limitado. Sin embargo, entender las profundas conexiones culturales y de negocios entre estas ciudades reveló oportunidades que los datos puros no captaban. La ruta se convirtió en una de nuestras más exitosas.]

6.2 Gestionando Disrupciones de Mercado: Bailando en la Tormenta

Si hay una constante en la aviación internacional, es el cambio. Las disrupciones de mercado vienen en muchas formas – recesiones económicas, agitaciones políticas, nuevos competidores o cambios tecnológicos. La clave no está en evitar la disrupción; está en aprender a bailar con ella.

El Marco de Resiliencia

La resiliencia de mercado no se construye durante la tormenta – se desarrolla en aguas tranquilas. Creamos lo que llamo el "Triángulo de Resiliencia de Mercado": Anticipación, Adaptación y Aceleración. La Anticipación implica leer señales sutiles del mercado, como un marinero leyendo patrones de viento.

La Adaptación requiere tener mecanismos flexibles de respuesta ya establecidos – piénselo como tener múltiples planes de vuelo listos antes de que el clima empeore. La Aceleración trata de identificar oportunidades dentro del caos. Recuerdo durante una crisis política en 2014, mientras los competidores se retiraban, aceleramos nuestra inversión en alianzas locales, emergiendo más fuertes cuando regresó la estabilidad.

Construyendo Mercados Anti-Frágiles

La lección más valiosa que he aprendido sobre disrupciones de mercado es que la verdadera resiliencia no se trata de volver a la normalidad – se trata de emerger más fuerte. En aviación, debemos construir lo que llamo "mercados antifrágiles" – aquellos que se benefician de la disrupción y el desorden.

Esto significa desarrollar conexiones culturales profundas que resistan la turbulencia económica, crear modelos operativos flexibles que puedan cambiar rápidamente con los cambios del mercado, y mantener relaciones sólidas con actores locales que se convierten en aliados cruciales durante tiempos desafiantes.

Cuando una crisis de divisas golpeó uno de nuestros mercados clave en 2015, nuestras sólidas alianzas bancarias locales nos permitieron desarrollar soluciones innovadoras de pago mientras los competidores luchaban con transacciones básicas.

El Arte de la Respuesta Adaptativa
Cuando golpeó la crisis financiera de 2008, muchas aerolíneas respondieron con recortes de costos instintivos. Pero algunos de nosotros vimos una oportunidad para reimaginar nuestro enfoque de mercado. Desarrollamos lo que llamo la "Estrategia de Mercado Resiliente" – un marco para convertir la disrupción en oportunidad.

[PERSPECTIVA DE LA EXPERIENCIA:: Durante una disrupción política importante en uno de nuestros mercados clave, descubrimos que mientras los viajes de negocios se desplomaban, los viajes familiares permanecían sorprendentemente resilientes. Este insight nos llevó a pivotar rápidamente nuestra estrategia de capacidad y precios, manteniendo la rentabilidad mientras los competidores luchaban.]

Piense en la disrupción de mercado como navegar en mares agitados. Los mejores capitanes no luchan contra las olas – aprenden a leerlas, trabajar con ellas, y a veces incluso usar su energía para moverse más rápido.

During my time overseeing Near East markets, I discovered that successful cross-border growth wasn't about imposing a standardized approach, but rather about understanding and amplifying the unique characteristics of each market while maintaining a cohesive network strategy. Think of it as creating a tapestry – each thread retains its color and texture, yet contributes to a larger, more beautiful pattern.

The concept of cultural cartography emerged from a pivotal moment in 2014. We were planning an expansion into a new market, armed with impressive economic data and promising traffic forecasts. Yet something felt incomplete. It wasn't until we mapped out the invisible connections – the business relationships, family ties, and cultural affinities between markets – that the true potential emerged.

This cultural mapping revealed opportunities that traditional market analysis missed entirely. We discovered, for instance, that certain routes weren't just city pairs on a map, but vital links in complex social and business networks that spanned multiple countries and cultures.

This deeper understanding led to what I call "relationship-based network planning." Instead of focusing solely on origin-destination traffic, we began mapping relationship flows. How did family ties influence travel patterns? How did business relationships create demand? How did cultural events drive connectivity needs?

This approach transformed our network strategy from a simple point-to-point model to a rich, interconnected web of relationships.

The results were remarkable – routes that might have seemed marginally profitable based on traditional metrics became cornerstone markets when viewed through this relationship lens. By understanding and serving these deeper connections, we didn't just build routes; we created a lasting market presence based on genuine understanding and service of community needs.

Building Bridges, Not Just Routes

The most successful international growth strategies I've witnessed share a common thread: they focus on building relationships before routes. Think of network growth like cultivating a garden – some plants need different soil, different care, different attention to thrive.

[EXPERIENCE INSIGHT: Our most successful network expansion came when we stopped thinking about routes and started thinking about connections – not just between cities, but between cultures, communities, and commerce.]

The Future of International Markets: A New Era of Connectivity

As we look toward 2020, several key trends are reshaping international aviation markets:

First, the rise of super-connectors is fundamentally changing traffic flows. Think of them as new trade routes for the modern era, reshaping not just how people travel, but how regions connect.

Second, technology is eliminating traditional market boundaries. Digital platforms aren't just changing how we sell tickets; they're changing how customers think about travel itself.

The transformation of international aviation markets mirrors the evolution of global commerce itself. Just as ancient trade routes like the Silk Road shaped civilizations, today's super-connectors are creating new patterns of human movement and economic activity.

In my experience managing routes across the Near East, I witnessed firsthand how emerging hub carriers didn't just connect cities – they redefined regional economic geography.

Para 2015, las rutas tradicionales punto a punto estaban siendo reemplazadas por redes complejas de hubs que creaban posibilidades de viaje y oportunidades económicas completamente nuevas. Estos super-conectores no son solo aerolíneas; son arquitectos de rutas comerciales modernas, remodelando todo, desde el turismo hasta las relaciones comerciales.

La revolución digital en aviación se extiende mucho más allá de boletos electrónicos y check-ins en línea. Estamos entrando en una era donde las fronteras tradicionales de mercado son cada vez más fluidas, moldeadas más por la accesibilidad digital que por la geografía física. Durante mi gestión en Air France-KLM, vi cómo las plataformas digitales se transformaron de simples canales de venta en sofisticadas herramientas de creación de mercado.

El viaje del viajero moderno ahora comienza mucho antes de llegar al aeropuerto, con interacciones digitales moldeando sus expectativas y elecciones. Esta transformación digital requiere que las aerolíneas piensen diferente sobre la presencia de mercado – tu mercado más fuerte podría no estar donde vuelan tus aviones, sino donde tu presencia digital resuena más fuertemente con los clientes.

Quizás lo más intrigante es que, a medida que la tecnología hace el mundo más conectado, el entendimiento cultural se vuelve cada vez más crucial para el éxito en el mercado. Esto podría parecer paradójico, pero tiene perfecto sentido cuando consideras la naturaleza humana. Cuanto más globalmente conectados nos volvemos, más valora la gente las experiencias culturales auténticas y el entendimiento.

En los mercados del Cercano Oriente, descubrimos que invertir en inteligencia cultural – desde el diseño de salas de oración hasta sistemas de reserva familiar – generó retornos mucho más allá de las inversiones en servicios tradicionales. Mirando hacia 2020, las aerolíneas internacionales exitosas no solo necesitarán redes y tecnología sofisticadas; necesitarán fluidez cultural profunda que les permita ser verdaderamente globales mientras se sienten auténticamente locales en cada mercado que sirven.

El Desafío de la Integración
El éxito en mercados internacionales requiere dominar lo que llamo el "Triángulo de Integración":
- Primero, integración operacional – asegurando que tus sistemas y procesos puedan escalar a través de fronteras mientras mantienen la eficiencia.

- Segundo, integración comercial – desarrollando estrategias de precios y productos que funcionen en diferentes contextos de mercado.
- Tercero, y quizás lo más importante, integración cultural – asegurando que tu estilo de servicio y enfoque de negocio resuenen en cada mercado que sirves.

Mirando Adelante: El Horizonte Global
El futuro de la aviación internacional presenta una paradoja fascinante. A medida que nuestro mundo se vuelve cada vez más conectado a través de tecnología y comercio, la importancia de entender los matices locales crece exponencialmente. El éxito en este entorno requiere un balance delicado – la habilidad de aprovechar recursos globales mientras se mantienen conexiones locales auténticas.

La tecnología continuará remodelando cómo conectamos mercados, pero debe ser manejada con sensibilidad cultural. Las soluciones tecnológicas más poderosas que he visto son aquellas que mejoran en lugar de reemplazar las conexiones humanas. Al acercarnos a 2020, las aerolíneas exitosas serán aquellas que usen herramientas digitales para fortalecer lazos culturales en lugar de erosionarlos.

La próxima década probablemente verá la emergencia de lo que llamo "super-conectores culturales" – aerolíneas que sobresalen no solo en mover personas entre puntos en un mapa, sino en tender puentes entre divisiones culturales y comerciales. Estas aerolíneas entenderán que su verdadero valor no reside en sus redes de rutas o tamaños de flota, sino en su habilidad para facilitar conexiones significativas entre comunidades y culturas.

Conclusión

A medida que concluimos esta exploración de la dinámica de mercados internacionales, recuerdo una conversación con un sabio mentor al inicio de mi carrera. "En aviación," dijo, "no vendemos asientos – vendemos posibilidades." Esta simple verdad solo se ha vuelto más relevante con el tiempo.

El futuro pertenece a las aerolíneas que pueden ver más allá de las métricas tradicionales de capacidad y rendimiento para entender su papel como arquitectos de la conexión humana. El éxito en esta nueva era requiere no solo excelencia operacional y agudeza comercial, sino una profunda apreciación por las historias humanas que dan significado a cada ruta que volamos.

[PERSPECTIVA DE LA EXPERIENCIA: FINAL: Después de dos décadas en aviación internacional, he aprendido que el verdadero éxito de mercado no viene de dominar mercados, sino de entenderlos lo suficientemente profundo para convertirse en parte de su tejido. Cada ruta es, en efecto, más que una línea en un mapa – es un hilo en el tapiz de la conexión humana, y nuestro papel es tejer estos hilos con cuidado, respeto y comprensión.]

Capítulo 7: Toma de Decisiones Basada en ROI: El Balance Final de la Innovación

Introducción
El viaje a través de la estrategia de precios, gestión de ingresos, experiencia del cliente y mercados internacionales nos ha llevado a una pregunta crucial: ¿Cómo medimos el éxito en la aviación moderna? Como hemos explorado en

capítulos anteriores, la complejidad de las operaciones aéreas exige enfoques sofisticados de evaluación y toma de decisiones. Las métricas tradicionales de factores de ocupación y rendimiento, aunque siguen siendo importantes, cuentan solo parte de la historia.

Nuestra exploración de adaptación cultural, innovación tecnológica y dinámica de mercados ha demostrado que el éxito requiere un enfoque holístico de medición. En este capítulo, examinaremos cómo las aerolíneas pueden desarrollar marcos integrales de ROI que capturen la creación de valor tanto cuantitativa como cualitativa, asegurando que las innovaciones en precios, servicio y desarrollo de mercado entreguen retornos sostenibles.

El desafío no está solo en medir retornos financieros, sino en entender el espectro completo de creación de valor a través de relaciones con clientes, posición de mercado y sostenibilidad a largo plazo.

7.1 Marcos de ROI para Iniciativas de Precios: Más Allá de los Números

En 2014, mientras gestionaba la estrategia de precios de Air France-KLM en el Cercano Oriente, enfrenté un momento crucial que remodelaría mi entendimiento del retorno sobre la inversión. Estábamos proponiendo una inversión significativa en sistemas de precios culturalmente adaptados – un proyecto que las métricas tradicionales de ROI sugerían entregaría solo retornos marginales. Los números contaban una historia, pero nuestra experiencia de mercado sugería algo más profundo.

Esto llevó al desarrollo de lo que llamamos la "Matriz de Valor Cultural" – un marco que capturaba tanto retornos cuantificables como intangibles de iniciativas de precios. Piénselo como evaluar un vino fino; mientras puedes medir el contenido de alcohol y precio por botella, el verdadero valor yace en la experiencia que crea y las relaciones que construye.

La Matriz de Valor Cultural consideró cuatro dimensiones de retorno:

Primero, Impacto Financiero Directo – las métricas tradicionales de ingresos, rendimiento y cuota de mercado. Pero fuimos más profundo, rastreando cómo los cambios de precios influían en los patrones de reserva a través de grupos familiares extendidos, no solo viajeros individuales.

Segundo, Valor de Relación con el Cliente – midiendo cómo las iniciativas de precios fortalecían los vínculos a largo plazo con clientes. En el Cercano Oriente, donde el negocio frecuentemente fluye a través de redes familiares, fortalecer una relación frecuentemente llevaba a crecimiento exponencial a través de conexiones familiares extendidas.

Tercero, Mejora de Posición de Mercado – evaluando cómo las estrategias de precios mejoraban nuestra posición competitiva. Esto no era solo sobre cuota de mercado; era sobre incrustarse en el tejido cultural de nuestros mercados.

Cuarto, Sostenibilidad Cultural – evaluando qué tan bien nuestras iniciativas de precios se alineaban y fortalecían las prácticas culturales, asegurando aceptación y crecimiento a largo plazo.

[PERSPECTIVA DE LA EXPERIENCIA:: El avance llegó cuando presentamos este marco a un comité financiero escéptico. Al demostrar cómo la alineación cultural en precios llevaba a penetración de mercado más profunda y crecimiento sostenido, aseguramos aprobación para lo que se convirtió en una de nuestras iniciativas más exitosas.]

Más Allá del ROI Tradicional
La evaluación de iniciativas de precios requiere un entendimiento sofisticado de la creación de valor. Piénselo como medir el éxito de una amistad – mientras puedes contar el número de interacciones, el verdadero valor yace en la calidad y profundidad de la relación.

Los marcos modernos de ROI deben considerar:
- Impacto directo en ingresos
- Mejora del valor de vida del cliente
- Fortalecimiento de posición de mercado
- Creación de ventaja competitiva

La Matriz de Creación de Valor
Nuestro enfoque para medir el éxito de iniciativas de precios evolucionó para incluir métricas tanto cuantitativas como cualitativas. Desarrollamos lo que llamo los "Cuatro Horizontes de Retorno":
- Primer Horizonte: Impacto Financiero Inmediato
- Segundo Horizonte: Mejora de Relación con Cliente
- Tercer Horizonte: Mejora de Posición de Mercado
- Cuarto Horizonte: Desarrollo de Capacidad Estratégica

7.2 Midiendo el Éxito a Través de Industrias: Más Allá de Métricas de Aviación
El arte de medir el éxito en los negocios modernos me recuerda a dirigir una orquesta – cada sección toca su propia parte, pero el verdadero éxito viene de crear armonía entre todos los elementos. En aviación, aprendimos esta lección a

través de la experiencia, frecuentemente en formas que desafiaron nuestro pensamiento tradicional sobre medición y valor.

La Evolución de Métricas de Éxito
En 2015, mientras implementábamos una estrategia de precios enfocada en la familia en Kuwait, encontramos una verdad fundamental sobre la medición: lo que mides moldea lo que valoras, y lo que valoras determina tu éxito. Las métricas tradicionales – factores de ocupación, rendimiento y cuota de mercado – contaban solo parte de la historia.

[PERSPECTIVA DE LA EXPERIENCIA:: Un momento crucial llegó cuando analizábamos los resultados de nuestro programa familiar en Kuwait. Mientras las métricas estándar mostraban una mejora modesta, descubrimos redes familiares enteras cambiando sus patrones de viaje para alinearse con nuestro servicio. El verdadero valor no estaba en transacciones individuales sino en el ecosistema de relaciones que estábamos construyendo.]

Los Cuatro Pilares de la Medición Moderna

A través de años de experiencia, he identificado cuatro dimensiones cruciales de medición del éxito que aplican a través de industrias:

Primero, Vitalidad Financiera - Más allá de simple ganancia y pérdida, esto abarca la salud y sostenibilidad de los flujos de ingresos. En aviación, aprendimos a mirar el ingreso por unidad familiar en lugar del ingreso por pasajero individual, un principio ahora adoptado por sectores minoristas de lujo y hospitalidad.

Segundo, Profundidad de Relación con Cliente - Midiendo no solo satisfacción sino compromiso y lealtad a través de redes enteras de clientes. Cuando comenzamos a medir lealtad a nivel familiar en lugar de lealtad individual, nuestra comprensión del valor del cliente se transformó completamente.

Tercero, Fortaleza de Posición de Mercado - Evaluando posición competitiva tanto a través de cuota de mercado tradicional como métricas más profundas de arraigo en el mercado. Esto incluye medir la fortaleza de relaciones locales, alineación cultural e integración comunitaria.

Cuarto, Excelencia Operacional - Evaluando eficiencia y efectividad a través de todos los puntos de contacto, entendiendo que las métricas operacionales deben reflejar realidades culturales y de mercado.

Implementación entre Industrias

Las lecciones aprendidas en aviación ofrecen perspectivas valiosas para otras industrias:
Sector Minorista: El concepto de medición de valor por unidad familiar ha transformado cómo los minoristas de lujo evalúan el desempeño de tiendas. En lugar de enfocarse en valor de transacción, ahora miden valor de relación a través de redes familiares extendidas.

Industria Hotelera: Nuestros enfoques para medir alineación cultural han sido adaptados por cadenas hoteleras internacionales, ayudándoles a entender y capturar mejor el valor en diferentes contextos culturales.
Servicios Financieros: Los bancos han adoptado nuestros métodos de medir fortaleza de relación a través de redes familiares, particularmente en mercados donde las

conexiones de negocios familiares impulsan decisiones financieras.

[PERSPECTIVA DE LA EXPERIENCIA:: A finales de 2016, analizando una ruta aparentemente exitosa, descubrimos que mientras las métricas financieras eran fuertes, estábamos fallando en construir valor de relación duradero. Esto llevó al desarrollo de nuestro Marco de Éxito Integrado, ahora adoptado a través de múltiples industrias.]

El Futuro de la Medición del Éxito
Mientras miramos hacia 2020, varias tendencias están moldeando cómo los negocios a través de industrias miden el éxito:

- Métricas de Integración Cultural - Midiendo qué tan bien las organizaciones se integran y agregan valor a contextos culturales locales.
- Evaluación de Valor de Relación - Evaluando el éxito a través del lente de construcción de relaciones y desarrollo de redes.
- Indicadores de Sostenibilidad - Entendiendo cómo el éxito actual crea cimientos para el crecimiento futuro.

7.3 Haciendo tu Estrategia a Prueba de Futuro

La verdadera prueba de la toma de decisiones basada en ROI no yace solo en medir retornos actuales, sino en asegurar la creación de valor sostenible.

Construyendo Valor Sostenible El éxito en aviación moderna requiere:
- Creación de valor a largo plazo
- Marcos de medición adaptables
- Desarrollo de capacidad de innovación
- Sostenibilidad cultural

[PERSPECTIVA DE LA EXPERIENCIA:: La lección más valiosa de mis años gestionando ROI en aerolíneas llegó en 2016, cuando un proyecto aparentemente exitoso comenzó a mostrar resistencia cultural inesperada. Esto nos enseñó a incluir métricas de sostenibilidad cultural en todos nuestros marcos de evaluación.]

El Nuevo Paradigma de ROI

El pensamiento tradicional de ROI a menudo se asemeja a tomar una fotografía – capturando un momento en el tiempo a través de métricas financieras. El ROI moderno requiere algo más cercano a filmar un documental – capturando la historia completa de creación de valor a través del tiempo, relaciones y comunidades. A lo largo de este libro, hemos explorado cómo la estrategia de precios, gestión de ingresos y desarrollo de mercado crean valor. Ahora, debemos entender cómo medir y maximizar esa creación de valor.

[PERSPECTIVA DE LA EXPERIENCIA:: En 2016, nuestra iniciativa más exitosa según métricas tradicionales de ROI resultó menos valiosa que un programa que mostraba retornos financieros modestos pero fuerte alineación cultural y compromiso comunitario. Esto me enseñó que el verdadero valor a menudo yace bajo la superficie de las mediciones estándar.]

Uniendo Teoría y Práctica
A medida que avanzamos hacia nuestro capítulo final sobre aplicaciones del mundo real, emergen tres principios fundamentales:

- Primero, La Medición del Éxito Debe Ser Holística Entender el ROI en negocios modernos requiere medir retornos tanto tangibles como intangibles. Las métricas financieras importan, pero deben equilibrarse con medidas de fortaleza de relaciones, alineación cultural y crecimiento sostenible.
- Segundo, La Creación de Valor es Multidimensional Los verdaderos retornos vienen no solo de lo que vendemos, sino de cómo servimos. Las inversiones más valiosas a menudo yacen en entender y satisfacer necesidades más profundas del cliente, incluso cuando estas inversiones desafían cálculos tradicionales de ROI.
- Tercero, La Integración Cultural Impulsa Retornos Sostenibles El éxito a largo plazo requiere medir qué tan bien nuestras iniciativas se integran y mejoran el tejido cultural de nuestros mercados. Este retorno cultural frecuentemente impulsa retornos financieros de formas que las métricas tradicionales no captan.

El Camino Adelante
Mirando hacia 2020 y más allá, las organizaciones exitosas necesitarán:
- Marcos de medición que capturen el espectro completo de creación de valor

- Herramientas de evaluación que reconozcan retornos culturales y de relaciones
- Enfoques de implementación que equilibren resultados a corto plazo con valor a largo plazo
- Entendimiento de cómo diferentes tipos de retornos interactúan y se refuerzan mutuamente

[PERSPECTIVA DE LA EXPERIENCIA: FINAL: Después de dos décadas en gestión de aerolíneas, he aprendido que los retornos más valiosos a menudo vienen de inversiones en entender y servir las necesidades más profundas de nuestros clientes. El verdadero ROI no es solo sobre números – es sobre crear valor duradero para nuestros clientes, nuestras comunidades y nuestra empresa. A medida que avanzamos hacia nuestra exploración de aplicaciones del mundo real, recuerde que las implementaciones más exitosas serán aquellas que reconozcan esta verdad fundamental.]

Capítulo 8: Aplicaciones del mundo real: De la teoría a la práctica

Introducción

A lo largo de este libro, hemos explorado la compleja interacción de la estrategia de precios, la gestión de ingresos y la adaptación cultural en la aviación moderna. Al centrarnos en las aplicaciones del mundo real, veremos cómo estos principios se transforman de marcos teóricos en historias de éxito prácticas. Las lecciones aprendidas de décadas de experiencia en aviación ofrecen información valiosa para las industrias que enfrentan desafíos similares de complejidad del mercado, diversidad cultural y cambio tecnológico.

El viaje del concepto a la implementación a menudo revela desafíos y oportunidades inesperadas. En mis años de gestión de diversos mercados en todo el Cercano Oriente, he sido testigo de cómo las estrategias cuidadosamente elaboradas evolucionan al enfrentarse a las realidades operativas. Estas experiencias me han enseñado que una implementación exitosa requiere no solo una teoría sólida, sino también una comprensión profunda de los contextos locales y los matices culturales.

Los casos e historias compartidos en este capítulo demuestran cómo los principios discutidos a lo largo de este libro pueden aplicarse prácticamente en diferentes contextos e industrias.

Si bien cada situación presenta desafíos únicos, los enfoques fundamentales para comprender la creación de valor, la alineación cultural y la dinámica del mercado siguen siendo sorprendentemente consistentes.

8.1 Historias de éxito entre industrias: El lenguaje universal del valor

La revolución cultural del comercio minorista de lujo

Los principios de los precios de la aviación encontraron quizás su traducción más elegante en el comercio minorista de lujo. En 2016, un destacado minorista de lujo que enfrentaba una disminución de las ventas en sus operaciones en Medio Oriente nos pidió orientación. Su desafío reflejaba lo que habíamos enfrentado en la aviación: cómo mantener un posicionamiento premium mientras se adaptaba a la dinámica cultural local.

[PERSPECTIVA DE LA EXPERIENCIA: Durante la implementación, fui testigo de un fascinante paralelismo. Así como los pasajeros de las aerolíneas no solo compraban asientos, los clientes de lujo no solo compraban productos; participaban en rituales culturales y tradiciones familiares.]

Basándome en mis 25 años de experiencia trabajando en estrategias de precios en el sector de la aviación en el Cercano Oriente, este capítulo destaca cómo los principios fundamentales que aprendimos en la aviación pueden aplicarse de manera efectiva en una amplia gama de industrias.

La historia del minorista de lujo es un excelente ejemplo de cómo la comprensión de los matices culturales locales es esencial para el éxito, independientemente del sector. En mis viajes por la región, he visto de primera mano cómo las expectativas y tradiciones culturales dan forma a las decisiones de compra de los consumidores de maneras que a menudo pasan desapercibidas para los forasteros.

Adaptar las estrategias para honrar estos contextos culturales únicos no es simplemente una cuestión de sensibilidad; es un imperativo comercial. Al igual que las aerolíneas deben equilibrar el posicionamiento premium con las realidades locales, los minoristas de lujo y otras industrias deben encontrar ese delicado equilibrio para prosperar.

A medida que continuamos explorando más ejemplos en este capítulo, veremos cómo este principio central de alineación cultural se manifiesta en contextos diversos, desde la atención médica hasta los mercados emergentes. Si bien los detalles pueden variar, la lección central sigue siendo la misma: el éxito duradero proviene de un profundo entendimiento y apreciación de las personas a las que servimos.

La transformación ocurrió en tres dimensiones clave:
Primero, el inventario como moneda cultural El minorista revolucionó su gestión de inventario al comprender los patrones de compra familiares. En lugar de abastecerse en función de las tendencias globales, comenzaron a alinear el inventario con los eventos familiares locales y las celebraciones culturales.

Esto condujo a:
- Reducción del 45% en las tasas de descuento
- Mejora del 60% en las ventas a precio completo
- Aumento del 85% en las transacciones por unidad familiar

Segundo, integración del calendario cultural Al adaptar los principios de precios dinámicos de la aviación al comercio minorista:
- Las colecciones de Ramadán se lanzaron en los momentos óptimos
- Los períodos de celebración familiar impulsaron el tiempo de promoción
- Los eventos culturales se convirtieron en el centro de la estrategia de marketing

Tercero, creación de valor multigeneracional El impacto más profundo provino de la implementación de programas de lealtad centrados en la familia que reconocían la naturaleza multigeneracional de las compras de lujo en Medio Oriente.

La revolución de las relaciones bancarias
Cuando un banco regional adoptó nuestros principios de segmentación, descubrieron que las métricas bancarias tradicionales pasaban por alto dinámicas culturales cruciales. Su transformación ofrece una clase magistral en la adaptación de los principios de aviación a los servicios financieros.

[PERSPECTIVA DE LA EXPERIENCIA: El CEO del banco luego compartió una revelación que se hizo eco de mis propias experiencias tempranas: "Pensábamos que estábamos en el negocio del dinero, pero en realidad estamos en el negocio de las relaciones, al igual que las aerolíneas."]

A medida que nos adentramos en estos ejemplos, queda claro que las lecciones de la aviación tienen una relevancia asombrosa en industrias aparentemente dispares. Desde los ritmos del comercio minorista de lujo hasta las complejidades de los servicios financieros, los principios de alineación cultural y creación de valor centrada en el cliente siguen siendo fundamentales.

Lo que me sorprende, una y otra vez, es cómo estos conocimientos desbloquean un crecimiento transformador. Ya sea una reducción drástica en las tasas de descuento o un cambio de paradigma en las relaciones bancarias, el impacto de aplicar estas lecciones es profundo y duradero.

También es instructivo observar los desafíos comunes que enfrentan estas industrias. Al igual que la aviación, a menudo están atrapadas entre las fuerzas aparentemente contradictorias de la estandarización global y la adaptación local. El truco, como hemos visto, es encontrar ese punto óptimo donde los principios universales se encuentran con la expresión culturalmente resonante.

A medida que continuamos explorando más ejemplos en las siguientes secciones, invito a los lectores a considerar cómo estos conocimientos podrían aplicarse en sus propios sectores. Las oportunidades de innovación basada en la cultura a menudo se encuentran en los lugares más inesperados.

Innovaciones clave:
- Productos financieros familiares: Soluciones financieras integradas creadas para familias extendidas
- Precios basados en el valor cultural: Modelos de precios desarrollados que reflejaban las prioridades culturales

- Métricas de crecimiento de relaciones: Nuevas formas implementadas para medir el éxito en las redes familiares

Resultados después de la implementación:
- Aumento del 125% en el valor de la cartera familiar
- Reducción del 85% en la rotación de cuentas
- Crecimiento del 200% en el negocio de referidos

El despertar cultural de la hospitalidad

Las cadenas hoteleras internacionales proporcionaron quizás el ajuste más natural para los principios de gestión de ingresos de la aviación, dado los desafíos similares del inventario perecedero y la demanda variable.

El viaje de transformación:
1. Precios dinámicos culturales
   - Consideración del tiempo de oración en los precios de restaurantes
   - Paquetes de habitaciones de tamaño familiar
   - Ajuste de tarifas basado en eventos culturales

2. Innovación espacial
   - Configuraciones de suites para familias extendidas
   - Precios de proximidad a la sala de oración
   - Diseño de instalaciones sensible al género

3. Evolución del servicio
   - Servicios de conserjería familiar
   - Apoyo para celebraciones culturales
   - Planificación de actividades multigeneracionales

[PERSPECTIVA DE LA EXPERIENCIA: El éxito de un grupo hotelero de lujo en la adaptación de nuestros marcos me enseñó que la creación de valor cultural trasciende los límites de la industria. Sus ingresos por habitación disponible aumentaron un 40% después de implementar modelos de precios y servicios adaptados culturalmente.]

Estos ejemplos destacan cómo los principios fundamentales de la estrategia de precios y la gestión de ingresos de la aviación pueden transformar industrias aparentemente dispares. Desde el comercio minorista hasta la banca y la hotelería, la clave del éxito radica en adaptar estos enfoques a los contextos culturales locales.

Al incorporar consideraciones como los patrones de compra familiares, los calendarios culturales y las necesidades multigeneracionales, estas industrias pudieron desbloquear un valor significativo. Los resultados hablan por sí solos: mejoras drásticas en las ventas, la retención de clientes y el crecimiento general del negocio.

Lo que encuentro particularmente notable es cómo estas adaptaciones a menudo conducen a innovaciones que habrían sido inconcebibles bajo paradigmas tradicionales. Ya sean productos financieros integrados para familias extendidas o diseños de hoteles sensibles al género, estas soluciones demuestran el poder de ver los desafíos comerciales a través de un lente cultural.

Sin embargo, como se señaló anteriormente, este proceso no está exento de desafíos. Requiere un cambio fundamental de mentalidad, alejándose del pensamiento único y acercándose a un enfoque más matizado y adaptable. También demanda una inversión significativa en la comprensión de los contextos locales y la construcción de relaciones auténticas con las comunidades a las que se sirve.

Pero como demuestra claramente la experiencia de estas industrias, las recompensas de embarcarse en este viaje son inmensas. Al abrazar la diversidad cultural y alinear las estrategias comerciales con las realidades locales, las organizaciones pueden fomentar un crecimiento verdaderamente transformador.

Lecciones universales

Estas aplicaciones entre industrias revelaron varias verdades universales:

1. La comprensión cultural impulsa el valor
Independientemente de la industria, una profunda comprensión cultural crea oportunidades para la creación de valor que trascienden las métricas comerciales tradicionales.

2. La familia es una moneda universal
Los enfoques centrados en la familia desarrollados en la aviación se traducen poderosamente a través de las industrias, particularmente en mercados donde las relaciones familiares impulsan la toma de decisiones.

3. La tecnología habilita la cultura
La adaptación exitosa requiere tecnología que mejore, en lugar de reemplazar, las conexiones culturales.

El éxito de estas implementaciones entre industrias demuestra que los principios desarrollados en la aviación ofrecen información valiosa para cualquier organización que busque crear valor sostenible en mercados culturalmente complejos.

8.3 Tendencias y tecnologías emergentes

La evolución digital

El futuro de los precios y la gestión de ingresos estará determinado por:
- Analítica cultural impulsada por IA
- Adaptación del mercado en tiempo real
- Modelado predictivo del comportamiento del cliente
- Gestión integrada de relaciones familiares

Integración de tecnología cultural

El éxito en 2020 y más allá requiere:
- Sistemas de IA adaptativos culturalmente

- Plataformas digitales centradas en la familia
- Herramientas de participación multigeneracional
- Predicción de preferencias culturales

El futuro de la creación de valor

Las tendencias emergentes apuntan a:
- Integración cultural más profunda
- Análisis mejorado de relaciones
- Creación de valor sostenible
- Crecimiento centrado en la comunidad

Mapa de ideas: Conceptos clave del libro

Fijación de precios estratégica

```
├── Comprensión cultural
│   ├── Dinámica familiar
│   ├── Consideraciones religiosas
│   └── Costumbres locales
│
├── Gestión de ingresos
│   ├── Precios dinámicos
│   ├── Optimización de capacidad
│   └── Planificación de red
│
├── Experiencia del cliente
│   ├── Adaptación cultural
│   ├── Servicio centrado en la familia
│   └── Construcción de relaciones
│
├── Desarrollo de mercado
│   ├── Cartografía cultural
│   ├── Construcción de asociaciones
│   └── Crecimiento sostenible
```

```
└─ Creación de valor
   ├─ ROI cultural
   ├─ Valor de la relación
   └─ Impacto comunitario
```

Reflexiones finales del autor

Cuando comencé a escribir este libro, mi objetivo era compartir no solo estrategias y marcos, sino una forma fundamentalmente nueva de pensar sobre la creación de valor en los negocios modernos. Después de dos décadas en la aviación, he aprendido que el éxito no proviene de dominar los números, sino de comprender a las personas, las culturas y las relaciones.

Este libro representa más que una colección de principios comerciales; es un modelo para crear valor sostenible en un mundo cada vez más complejo. Los marcos y enfoques compartidos aquí, aunque nacieron de la experiencia en aviación, ofrecen información universal para cualquier organización que busque construir un éxito duradero en mercados diversos.

El futuro de los negocios pertenece a las organizaciones que pueden equilibrar la capacidad global con la sensibilidad local, la innovación tecnológica con la comprensión cultural, y los rendimientos financieros con el valor comunitario. Los principios explorados en este libro proporcionan una base para lograr este equilibrio, independientemente de la industria o el contexto del mercado.

Al mirar hacia el futuro, sigo siendo optimista sobre el papel de la aviación como laboratorio para la innovación empresarial. Las lecciones aprendidas de conectar a las personas y las culturas a través de los viajes aéreos continuarán ofreciendo información valiosa para las organizaciones en todas las industrias. La clave es comprender que el verdadero éxito no proviene de lo que vendemos, sino de cómo servimos y el valor que creamos para nuestros clientes, comunidades y partes interesadas.

www.ingramcontent.com/pod-product-compliance
Lightning Source LLC
Chambersburg PA
CBHW071037240526
45469CB00006BD/2237